働きかける子ども

たこいを生む算数60問

元筑波大学附属小学校教諭　　**正木 孝昌**

武蔵村山市立小中一貫校大南学園第七小学校
校長　　　**小野江 隆**
主幹教諭　**高山 夏樹**
指導教諭　**阿部 肇**　共著

学校図書

はじめに

　武蔵村山市立小中一貫校大南学園第七小学校の玄関は校舎二階にある。校長室に伺うには、中庭から二十段あまりの外階段を登らなければならない。杖を突いた私には結構な苦行だ。前夜の雨で濡れた階段を、一段一段足元を見つめながら登っていく。突然、上から「こんにちは」という明るい声がふってきた。見上げると小野江隆校長の笑顔があった。この校長先生の笑顔と明るさには、周りの人の心をぽかぽかとさせる温かさがある。それにしても、私が来たことをどこから見ていたのだろう。誰が教えたのだろう。玄関を入ると、子どもたちが数人いた。4年生ぐらいだろうか。みんな口々に「こんにちは」とあいさつしてくれた。きりっと澄んだ明るい声だ。

　「この問題はいい問題でしょう」

　校長室に入るや否や、問題を出してくる小野江校長。

　「地球の表面から1mのところに綱を張って地球を1周する。その綱の長さは地球1周の長さよりどれだけ長いか」

　こんなときの校長先生の目は、子どものようにきらきらと輝いている。なるほど面白い問題だ。でも、いきなりそれを認めたのでは議論にならない。だから、敢えていちゃもんを付ける。

　「地球には凸凹がある。エヴェレストもあるし、日本海溝もある。表面から1m離れたところに綱を張るなんて、想像することもできない」

　せっかくいい問題を見つけたと思ったのに、それを貶された校長先生の表情が不満で陰る。

　「素直に聞いてほしいな。正木先生は理屈っぽいからなあ」

　「素直になれ？　私ほど素直な人はいないよ。素直が歩いているみたいだよ。子どもたちだって、この問題を出したら同じことを言うだろう」

　議論になれば、両者とも遠慮も容赦もない。言いたい放題である。

　「分かった。じゃあ言い直します。地球ぐらい大きな円の外側に、その円周から1m離れたところに円を描く。その円の円周は内側の円周より何m長いか。これならどうだろう」

　「あっ、それなら文句ないけど、でも、場面設定としては地球の方が意外性があっておもしろいなあ」

　校長先生のおっしゃりたいことがだんだん分かってきた。やたらに大きい地球。その周りに綱を巻く。ところが、この問題のどこにも地球の直径の長さは示されていない。ということは、地球の直径はいくらでもいいということになる。極端なことを言えば10mで

もいい。いや0mでもかまわない。問題を考える人が勝手にその大きさを決めていいことになるではないか。

　問題のある部分を自分で動かしたり、決めたりするということは、その問題に子どもたちが働きかけているということである。働きかけるというのは、対象を自分で動かしたり、変えたりすることだ。それは言葉を変えて言えば、能動的に問題と向かい合うということになる。それこそ、私たちが授業で子どもたちの姿として求めているものではないか。

　校長先生が、地球に綱を巻く問題はいい問題だという理由はそこにある。子どもたちが問題に働きかけていく要素が、問題の中に潜んでいるというところである。

　こんな議論を、この学校では繰り返してきた。授業で扱う問題で「いい問題」とはどんな問題か。そのことを、授業を通して追究してきた。そして、いい問題そのものを持ち寄り集めてきた。校長室へグループごとに先生たちが集まって、持ち寄った問題について議論した。議論が熱く鋭い高山夏樹先生、絵と演劇はプロの阿部肇先生が中心になってまとめていった。もちろん、みんなで創り上げたオリジナル問題もある。しかし、そればかりではない。知っている問題や資料から集めてきた問題。それらを授業する立場から、いい問題かどうかを熱く語り合った。厳しい時間だったが、楽しいひとときだった。

　話合いが終わったとき、副校長の加納直樹先生が「今日は所沢まで私のポルシェで送ります」と言う。あの高級車に乗れるのかと、一瞬どきっとする。でも、周りのみんなの笑い顔でなんか変だなと悟る。階段の下には軽四のポルシェが待っていた。みんなに見送られて軽四ポルシェは快適に走る。この車中も教育談義は楽しく続く。和気と厳しさが藹々と漂う大南学園第七小学校の先生方である。

　そして、当然の成り行きとして、それらの問題を1冊にまとめようということになり、問題集としての収録に至った。

　大南学園第七小学校の先生たちの結晶が1冊にまとまった。読み返してみると懐かしく、みんなで熱心に語り合ったひと場面ひと場面が蘇ってくる。こんな楽しい充実した活動の仲間に入れてもらえて光栄であり、感謝の気持ちでいっぱいである。

　また、この本ができたのは、企画から編集まで、終始心と力を込めて協力してくださった学校図書の大関氏と藤江氏のおかげである。心から感謝したい。大南学園第七小学校の先生方も同じ思いである。

　2017年10月

正木 孝昌

| 目次 | 働きかける子ども たいを生む算数60問 |

はじめに　　正木 孝昌 ………………………………………………………… 2

たいのいる授業と「問題」　　正木 孝昌 …………………………………… 8

能動と「たい」　　小野江 隆 ………………………………………………… 32

「たい」のいる授業との出会い　　高山 夏樹 …………………………… 34

たいを生む算数60問 …………………………………………… 37

1年

① おはじきの数はいくつといくつ？　　いくつといくつ ………… 38

② 6になるたし算を考えよう　　たしざん ………………………… 40

③ □の中に何が入る？　　たしざん、ひきざん ……………… 42

④ 虫食いの計算を考えよう　　たしざん、ひきざん ………… 44

⑤ 3つの数の計算を考えよう①　　たしざんとひきざん …… 46

⑥ 3つの数の計算を考えよう②　　たしざんとひきざん …… 48

⑦ □に入る数字は？　　20より大きいかず …………………… 50

⑧ 7のつく数字はいくつある？　　20より大きいかず ……… 52

⑨ ○△□に入る数字を考えよう　　たしざん、ひきざん …… 54

⑩ いちばん年上はだれ？　　特設 ………………………………… 56

2年

11 貯金はどちらがどれだけ多い？　　1000までの数 ……………… 58

12 ピラミッドたし算を考えよう　　特設 …………………………… 60

13 ○＋△＋□はいくつ？　　特設 ……………………………………… 62

14 ちょうど530円にするには？　　たし算のひっ算、ひき算のひっ算 ……… 64

15 100になる式をつくろう①　　たし算とひき算 ………………… 66

16 100になる式をつくろう②　　たし算とひき算 ………………… 68

17 縦横かけて何が入る？　　かけ算 ………………………………… 70

18 0から9までの数字で10をつくろう　　かけ算 ……………… 72

19 テープを切ると何本になる？　　特設 ………………………… 74

20 テープを折って切ると何本になる？　　特設 ………………… 76

3年

21 たして30にするには？　　たし算とひき算 …………………… 78

22 かくれた数字を見つけよう　　たし算とひき算 ……………… 80

23 パーツを組み合わせよう　　たし算とひき算 ………………… 82

24 ちょうど1000円にできるかな？　　たし算とひき算 ……… 84

25 同じ長さの3組に分けてみよう　　たし算とひき算 ………… 86

26 3つのおもりで1g～7gをつくろう　　重さ、たし算とひき算 …… 88

27 15個のおかしの分け方は？　　特設 …………………………… 90

28 この形は何角形？　　三角形 ……………………………………… 92

29 5つの学級で花だんを分けよう　　特設 …………………………… 94

30 正方形はいくつある？　　特設 ………………………………………… 96

4年

31 2桁の数を入れ替えると？　　特設 …………………………………… 98

32 からあげを3人で分けることができる？　　1けたでわるわり算 ………… 100

33 連続する3つの数を見つけよう　　1けたでわるわり算 ……………… 102

34 小数点を正しくつけよう　　小数 ………………………………… 104

35 4つの3を使った式をつくろう　　式と計算 …………………………… 106

36 いちばん広い花だんをつくるには？　　面積 ……………………… 108

37 1辺が分からない正方形の面積を求めよう　　面積 ……………… 110

38 長さの関係を利用して面積を求めよう　　面積 …………………… 112

39 1日を24時間にするには？　　ともなって変わる量 ………………… 114

40 推理する力をきたえよう　　特設 …………………………………… 116

5年

41 平均からもとの数値を求めよう　　単位量あたりの大きさ ………… 118

42 2人はいつ出会える？　　特設 ……………………………………… 120

43 花火をみんなに等しく分けよう　　倍数と約数 …………………… 122

44 三角定規を重ねてできる角の大きさは？　図形の角 ┄┄┄┄┄ 124

45 正方形の中にできる角の大きさは？　図形の角 ┄┄┄┄┄┄ 126

46 星の角、合わせて何度？　図形の角 ┄┄┄┄┄┄┄┄┄┄┄ 128

47 影の面積は正方形の何％？　図形の面積、割合とグラフ ┄┄┄ 130

48 チョコレートを直線で二等分しよう　図形の合同 ┄┄┄┄┄ 132

49 立体の表面積を求めよう　図形の面積 ┄┄┄┄┄┄┄┄┄┄ 134

50 立体の体積を求めよう　体積 ┄┄┄┄┄┄┄┄┄┄┄┄┄┄ 136

6年

51 9でわりきれる数はどれ？　特設 ┄┄┄┄┄┄┄┄┄┄┄┄ 138

52 恐竜はそれぞれ何頭？　特設 ┄┄┄┄┄┄┄┄┄┄┄┄┄┄ 140

53 あみだくじをつくろう　特設 ┄┄┄┄┄┄┄┄┄┄┄┄┄┄ 142

54 ハンバーガーショップで工夫して買い物をしよう　特設 ┄┄ 144

55 同じ形はどれ？　比とその応用 ┄┄┄┄┄┄┄┄┄┄┄┄┄ 146

56 パーツの組み合わせを考えよう　ならべ方と組み合わせ方 ┄┄ 148

57 手品のしかけを解き明かそう　ならべ方と組み合わせ方 ┄┄ 150

58 点を結んで三角形を増やすと？　特設 ┄┄┄┄┄┄┄┄┄┄ 152

59 どちらが長い？　特設、文字と式 ┄┄┄┄┄┄┄┄┄┄┄┄ 154

60 正五角形を時計回りにつなげると？　特設 ┄┄┄┄┄┄┄┄ 156

おわりに　　小野江 隆 ┄┄┄┄┄┄┄┄┄┄┄┄┄┄┄┄┄┄┄ 158

たいのいる
授業と「問題」

元筑波大学附属小学校教諭　**正木 孝昌**

1　授業の目標と問題

（1）はじめに

　算数の学習は子どもたちが問題と出会うところから始まります。その問題は先生が用意します。つまり、授業者によって問題が提示される場面から授業は始まるのです。このことについて異存のある人はいないでしょう。しかし、この誰もが当然と思っていることをもう一度改めて考え、見直してみたいのです。子どもたちは提示された問題に果敢に取り組もうとします。いや、そうでないかもしれません。でも、少なくとも授業者は、子どもたちが提示した問題に積極的に立ち向かうことを期待します。それを期待して問題を用意しているはずです。ここで肝心なことは、子どもたちがその問題に取り組みたいと思うかどうかです。子どもたちにそっぽを向かれたら授業にはなりません。

　もちろん、その問題を解決することによってどのような子どもを育てたいと考えているのかという問題もあります。どのような問題を提示するべきかという内容に関わることです。つまり、私たちが授業をしようとするとき、そこで扱う問題提示について考えなければならないことが二つあります。一つは、その問題を子どもたちが解決したいと思うかどうかということ、もう一つは、授業の目的から見て、その問題が適当かどうかということ。この二つです。

　この二つは一見別のものに見えます。しかし、それは「なぜ算数の授業は問題解決の形をとるか」という最も基本的な問題と関わっています。したがって、まず、この問題について考えることにします。

新しい学習指導要領が告示されました。そこには数学的活動という言葉が繰り返し登場します。その大切さは分かるような気がします。しかし、その確かな姿が見えなくて戸惑いを感じています。数学的活動とは何か、今まで算数的活動と言われてきたものとどこが違うのか。どうもはっきりしないのです。それをはっきりさせたいのです。そこに算数の授業と「問題」との関わりを改めて見直すという課題が見えてきたのです。

授業と「問題」の関係を考える第一歩は、授業を通してどのような子どもたちを育てるかということです。それが定まらないと授業はできません。それが授業をする者にとっての基本です。

（2）授業の二つの目標

昔、和船を漕いだことがあります。難しいのは、櫓軸から櫓を外さないように、櫓を押したり引いたりすることです。しかし、そればかり気にしていると、舟はぐるぐる回ったり、あらぬ方向に進んだりして、自分がどこにいるのか分からなくなります。船頭さんにとって大切なことは、軸先の前方、遠い所に自分の行きたい地点をとらえて漕ぐことなのです。そのことに気付くまでに随分時間がかかりました。大切なことは、遠くを見るということだったのです。

授業も同じです。毎日、授業をする。その1時間、1時間をどのように子どもたちと関わるか、その技術はもとより大切です。しかし、その毎時間を積み重ねて、子どもをどこへ連れて行こうとしているのか。それが、定まっていなければ授業はできません。それが、授業者としての基本なのです。

この基本をきちんと定めておかないと全ての話が始まらない。まず、旅の始まりは行き先を決めてから出発しなければならないのです。授業と「問題」についてじっくり考えようとするとき、まず、この授業の目標について明確にしておかなければなりません。ちょっと遠回りになる気がするかもしれませんが、ここを欠かして通り過ぎることはできないのです。

言葉を変えて言えば、授業には二つの目標があるということになります。遠い目標と近い目標です。近い目標は、毎日の授業で、その時間に到達したい目標です。

例えば、1年生で6＋7のような1位数どうしの繰り上がりのあるたし算の授業をすることを考えてみましょう。近い目標は、これらの一連の計算をできるようにすることです。計算の仕方はいろいろあるでしょう。しかし、ここで確実に子どもたちに伝えておきたいのは加数分解の方法です。

ある内容で授業をするとき、その時間の到達目標は明確です。どんな指導案にもそれは明記されています。そこでは、子どもたちは、画一的に方向付けられた存在です。授業の始まった段階では、繰り上がりのある一桁どうしのたし算ができない子どもたちであり、最終段階では、それを全員ができるようになっていなくてはならない。端的に言えば、理解していない子どもたちに理解させる。できない子どもたちをできるようにする。それが授業です。その理解させること、できるようにすることを明記したものが授業の近い目標です。

　しかし、実際に授業をしてみるとどうなるか。子どもたちの発想が加数分解（6はあと4で10。7を4と3に分解し、6と4で10。残りの3をたして13）にとどまるはずがありません。「6＋7はいくらになりますか」と子どもたちに問うと、もちろん加数分解の方法も出てきます。しかし、そのほかにも様々な方法が子どもたちから出てきます。

　6を1と5、7を2と5に分解する。その「5と5をガッチャンして10。残りの1と2で3。だから、6＋7は13」と言う子どもがいます。あるいは、「7から1とると6。6と6で12だから、6＋7は12に1をたして13」などと言う子どももいます。子どもたちの様々な働きかけが表出されるのです。

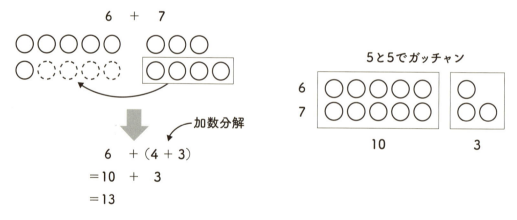

　これらを本時の目標から外れているからといって、無視することはできません。これもまた、子どもたちの数や式への働きかけとして大切に認めなければなりません。子どもたちは仲間と関わりながら、それらの働きかけを共有し、さらに、自分の立場を創っていくのです。その過程、そこで獲得する生きる姿こそ、私たちが目指すところなのです。子どもたちのこのような姿を活動と呼ぶならば、活動する力を育てることも授業の目標です。それは、その1時間だけで達成できる目標ではありません。毎日の授業を積み重ねることによって目指していく目標です。これもまた授業の目標であり、これが遠い目標です。

近い目標は知識・技能の伝達です。そこには、子どもたちを画一化するという面があります。しかし、一方、活動する力を育てるということを目標にすると、子どもたちの個性的な姿を徹底的に認めなければなりません。この二つはどう見ても相反する側面を持ちます。それを、授業という一つの営みの中で共存させていかなければなりません。どのように共存させるか。授業の遠い目標と近い目標の間には、そういう一見矛盾にも見える難題が含まれているのです。それは実践的な問題であり、今、この授業者である私たちの目の前にある課題です。

　「子どもたちを豊かに活動させ、楽しい算数にしたいという思いはいっぱいあります。しかし、基礎的な力が付いていない子どもの姿を見ると、どうしても教え込み、練習を繰り返すという授業になってしまうのです」

　ある研究会で、一人の若い教師が悲痛と自嘲の混ざった表情で訴えたのを思い出します。正直過ぎるほど正直な言葉です。この悩みは、決してこの教師一人のものではありません。授業現場が抱えている最も深刻で沈潜している問題なのです。

　近年、学力低下が大きく取り沙汰されています。その危機感のもとで、基礎・基本を確実に子どもたちのものにしなければならないという空気が教育現場に広がっています。誰もが、学力テストの点数が即、学力、と考えているわけではありません。しかし、現実は、学力テストの点数に一喜一憂する学力観に現場は揺り動かされています。

　基礎的な力が大切なことは言うまでもないことです。しかし、基礎と基本は何かもう一度改めて考えてみましょう。基礎は建造物で言えば土台です。パイルを岩盤にしっかりと打ち込み、その上に築かれる大きな建造物に備える。それが基礎となる土台です。一方、基本は骨組みです。完成したときは、表面には見えないが、鉄筋や鉄骨が内部で建物全体の構造を支えています。基礎も基本も外からは見えない。しかし、建造物を支えているのです。

　基礎・基本が大切なことは確かです。だが、それは目的の建物が目標にあり、基礎・基本自体は目標ではないはずです。土台だけの建物。基本構造だけのビル。それは想像するだけで滑稽で気持ちが悪くなります。

　分からせ、できるようにするという近い目標だけを積み重ねていくと、どのような子どもを育てたいかという全体像を見失う。その結果は、土台だけ、骨組みだけの気味の悪い建造物ができてしまう。大切なのは、どんな建物を建てたいのか、その目標をきちんと定めることなのです。

　授業には遠い目標と近い目標の二つがあるというのは、そういう意味です。その近い目

標ばかりが前面に出て、遠い目標は影が極端に薄くなってきているのが現状ではないでしょうか。もしそういう現実があるとすれば一大事です。

（3）能動とは

　遠い目標はどのように表現できるでしょうか。冒頭で述べたように、それは、その授業者がどのような子どもを育てたいかという思いです。理念とか信念とかの言葉が当たるかもしれません。授業観という語も浮かんできます。それは、簡単に短い文では表現できません。

　しかし、敢えて、ここでは表現しなくてはならないのです。なぜなら、上で示したように、遠い目標と近い目標をどのように共存させていくかという問題に迫っていくのが、当面の課題だからです。実際の授業について試み、その道筋を見いださなければならない。そんな課題を追求する場面では、その焦点になる「遠い目標」を、理念とか授業観とかの言葉で漠然と曖昧にしておくわけにはいかないのです。

　「生きる」という言葉がふと頭をよぎります。遠い目標をどのように表現するか。お前は目の前にいる子どもたちに何を望むのかと言われたとき、まず思うのは、生きている子どもたちでいてほしいということです。「馬鹿なことを言うんじゃない。子どもたちはそのままだってちゃんと生きている。血も流れているし、ご飯も食べる。わざわざ、ことさらに生きている子どもたちなどと言い立てることはない」。言われてみればそのとおりです。しかし、子どもたちが人間として生きているとはどういうことか、もう一度見つめ直してみる必要に駆られます。

　「ミミズだって　オケラだって　アメンボだって　みんなみんな生きているんだ　友だちなんだ」

　子どもたちはこの歌が大好きです。確かに、虫は食欲があり、呼吸をしていれば生きているということができます。だからといって、人間の子どもたちがそれだけで生きているとは言えません。子どもたちが生きているとはどういうことか。授業の遠い目標はそのことに関わっているのです。

　どのような子どもたちを育てたいか。私のそれを一言で言えば「能動的な子どもたち」です。能動とは「自らの働きを他に及ぼすこと」（広辞苑）です。私の言葉で言えば、対象に働きかけるということになります。働きかけるとは、自分の意志で相手を変えたり、動かしたりすることです。もっと分かりやすい言葉で言えば、「やってみる」です。あまりにも卑近になりますが、それを恐れずに言えば、私の育てたい子どもとは、「自分の意

志で何でもやってみることのできる子ども」ということになります。

　算数の授業の場合は、相手は数や図形です。

　例えば、72－38を計算しようとして、両項に2をたして74－40とする。これは、式に働きかけて、計算しやすい式に変えていることになります。

　平行四辺形を一本の直線で合同な二つの形に分けるという問題を考えてみましょう。このとき、平行四辺形を相手にせず、まず、正方形で調べてみようとするのは、問題場面に働きかけていることになります。正方形を一本の直線で合同な二つの形に分けてみるのです。すると二本の対角線が見える。正方形は対角線で二つの合同な形に分かれる。おや？ちょっと待てよ。その二本の対角線の交点（正方形の真ん中の点）を通る直線は無数に引くことができる。その線はどれも正方形を二つの合同な形（台形や長方形）に分けるではないか。そして、この事実は平行四辺形でも通用するではないか。

　これはぜひ、実際に描いて確かめてほしいと思います。

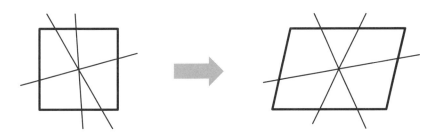

　複雑な問題に直接ぶつからないで、より簡単な場面から考えていこうとする策略が使えるのです。これもまた能動です。問題に働きかけて、問題そのものを変えたり動かしたりしているのです。

　24＋32というたし算をしようとすれば、24を20と4、32を30と2に分けてとらえなければなりません。20＋4＝24は、安定した方向への動きであり、受動でできます。しかし、24＝20＋4は24を不安定な形に変えているのであり、能動的です。計算をするとき、人は数に能動的に働きかけなければならないのです。42÷3を計算するためには、せっかく42とまとまっているものを30と12に分けたり、7×6と見たり、42を崩さなければならないのです。その、崩す作用が能動です。

　能動は「働きかける」とほとんど同義語だと考えていいでしょう。働きかけるとは、自分の意志で相手を変えることですが、相手が外見上では変わっていないこともあります。

　例えば3の倍数の2位数を並べたとき、その十の位と一の位が入れ替わっている数が対になっていることに気付きます（21と12、24と42など）。この対ができることに気付

くのも、３の倍数に子どもたちが働きかけた結果です。前に置かれた３の倍数には何の変化も起こっていません。しかし、子どもたちの能動的な働きかけが、そこに新しい組み合わせをつくっているのです。数の群れが子どもたちの脳内スクリーンの中で動いているのです。

　この子どもの姿を、またもや卑近な言葉で言えば、「見える子ども」と言えます。42という数がこの数字の形状だけでなく、その向こうに42の様々の変化が見えている子どもにしたいのです。視覚的に見えるものは誰にでも見える。見えているものに繋がっている見えないものが見える子どもに育てたいのです

（4）活動とは

　能動的に対象に働きかけていく子どもたちの一連の姿が活動です。子どもたちが何か作業をしていても、それだけでは活動ではありません。先生から出された計算練習をひたすら計算している子どもたちの姿は、活動しているとは言わないのです。言いたくありません。そこでは、子どもたちの意志が働いていないからです。計算の結果は子どもたち自身にとって意味はなく、ただひたすら決められた手順にしたがって数の処理を繰り返しているだけです。

　５×５×3.14（直径10cmの円の面積）と９×９（一辺９cmの正方形の面積）のどちらが広いか知りたいという心に突き動かされて、それぞれの計算をしている子どもたちは活動していると言えます。５×５×3.14という情報を一つの数で表そうと働きかけているからです。二つの計算の結果、両者の値がどれだけ近づくか知りたい。そういう目的を持って式に働きかけています。これは確かに活動だと言えるでしょう。

　さらに活動という場合は、個人の行為にとどまらないで、集団との関わりの中で能動性をとらえることも必要になります。つまり、次の四つのことを強調しておきます。

　　自分を表出し、表現すること。
　　対象に働きかけていくこと。
　　自分の力を自分で確認すること。
　　友だちと関わり合うこと。

　算数の授業で、子どもたちのこの四つの姿を引き出したいのです。これが私の遠い目標であり、これを一言で表せと言われれば、「能動性を引き出す」ということになります。

授業者の立場から「能動性を引き出す」ということは、子どもたちの側から言えば「引き出されることの喜びを知る」ということになります。上に挙げた四つのような状態の中に自分を置くことの喜びを子どもたちが知ることが授業の目標になるのです。

ここで授業をする者にとって目を逸らしてはならないことがあります。それをもう一度強調しておきたいと思います。前節で授業には二つの目標があると述べました。この二つは、一つの授業の中で分離できません。一人の授業者が自分の意志で展開する行為として、二つの目標のどちらかを見失うはずがないのです。確かに、子どもたちの能動性を引き出すということは授業の目標として常に凝視していなければならないことです。しかし、子どもたちが能動性を発揮するためには、いわゆる基礎・基本となる知識や技能が前提になっています。

例えば、わり算のできない子どもが、わり算のきまりを見つけ活用するという活動はできません。このことは、当然というのもおかしいぐらい当然のことです。

しかし、理屈では十分納得していても、この二つの目標を一つの授業で両立することは至難のことです。評論家はともかくとして、実際に授業をする者なら誰もがそのことは痛感しています。先ほどの若い先生の声は、そのことを如実に表しています。活動する子どもたちの姿を引き出し、楽しい授業をしようとすると、基礎的な知識・技能の定着が薄弱になる。知識・技能を子どもたちのものにしようと力を入れると、子どもたちの活動は貧弱になり、算数を学ぶことの楽しさなどどこかへ行ってしまう。私たちの悩みはそこにあるのです。それは、実践的な問題であり、実際の授業に正面から向かい合わなければ解決できない問題なのです。

2 働きかけることと鯛

（1）受動から能動へ

キーワードは「働きかける」です。これから算数の授業と「問題」ということについて考えようとしています。そこで中核になるのは、子どもたちが数や図形に働きかけていく姿です。私たちは、子どもたちが数や図形に働きかけていく力を育てなければならないのです。

「働きかける」とは、対象を自分の意志で変えたり動かしたりすることです。前節でその具体的な例をいくつか示しました。ここではさらにもう一つ例を挙げてみます。今度はもっと細部が見えるように、授業全体1時間分を述べてみることにします。

問 題

2桁の数があります。この数を*A*とします。次に*A*の十の位の数と一の位の数を入れ替えます。この数を*B*とします。

ここからが問題です。*A*と*B*の差が27になりました。もとの2桁の数*A*はいくらでしょうか。

　文章で書くと何とも複雑に感じます。しかし、実際に行っていることは、2年生の子どもたちでも十分に理解できます。まず、2桁の数を決めます。何でもいいのです。例えば38としましょうか。次に38の十の位と一の位を入れ替えます。83ができます。さあ、38と83の差が27になったでしょうか。残念、83 − 38 ＝ 45ですね。27ではありませんでした。この差が27になるためには、もとの数をいくらにすればいいでしょうか。

　この一連の作業は、2桁のひき算ができる子どもなら誰でもできるはずです。2年生以上の子どもなら、みんなこの問題に働きかけることができるのです。

　この節の冒頭に、働きかけるとは対象を動かしたり変えたりすることだと書きました。この2桁の数の問題に挑戦していく子どもたちは、対象に働きかけているでしょうか。最初の段階では、授業者に指示されたとおりに動くしかありません。働きかけるという状態からはほど遠いものです。

　実際の授業では、次のように展開しました。

〔第一段階〕三角くじを引く

　問題と子どもたちが接触面を持つ段階です。子どもたちはほとんど受動的です。しかし次の能動の段階に目覚めるために必須の段階です。

　　授業者「今日は三角くじをやろうと思うけど、みんな三角くじを引いたことあるかな」

　くじを引くと聞いて子どもたちは大喜びです。「賞品は何なの」「何が当たるの」「当たりくじは沢山あるの？」と大騒ぎです。

　　授業者「ところがね、先生は三角くじを作ってくるのを忘れちゃった」

　また子どもたちは大騒ぎです。「なあんだ。それじゃだめじゃん」「がっかりだね」と不服そうな表情です。

授業者「だいじょうぶだよ。三角くじはみんなの頭の中にある。頭の中に2桁の数がいっぱいあるだろう。その中の一つを選んでノートに書いてください。それがあなたの引いた三角くじです」

子どもたちはノートにそれぞれ2桁の数を書きます。33のようなぞろ目の数、30のような10の倍数は書かないことを伝えておきます。

授業者「ぱっかぱかパパパパア（ファンファーレの音のつもり）、本日の大売り出しの当選番号を発表します。その数は27で〜す」

幸い27を書いた子どもはいませんでした。みんな外れてがっかりしています。

授業者「だいじょうぶだよ。もし、ここで27と書いた人がいたとしてもその人は当たりではない。そこに自分の決めた2桁の数があるだろう。それを『ガッタンピイ』して27になったらその人が当たりだ。さあ、ガッタンピイしてごらん」

子どもたちはハトが豆鉄砲を食らったような状態になります。互いの顔を見合わせて何がぼそぼそと囁き合っています。やがて勇気のある一人の子が「『がったんぴい』って何ですか」と問います。

授業者「ああ偉いなあ。分からないことがあったらはっきり聞く。すばらしい」

このように褒め、「がったんぴい」を説明します。

例えば、38➡ガッタン➡83➡ピイ（83−38）➡45で、45になります。

> $41 - 14 = 27$

> $74 - 47 = 27$

子どもたちは自分の決めた数をそれぞれにガッタンピイします。二人の子どもが「当たった」と大声で叫びます。確かにガッタンピイで27になっています。みんなの精一杯の拍手が賞品です。二人の決めた数と計算をカードに書いて黒板に貼ります。

ここまでが第一段階です。問題に働きかけていくのが活動だとすると、まだ全く活動はしていません。ただ「がったんぴい」と言う言葉とその中身を知っただけです。しかし、活動にとって、この段階が極めて重要なのです。

私たちの求めているのは積極的で能動的な子どもの姿です。しかし、だからと言って運動場から教室に入ってきた子どもたちが、初めから積極的で能動的であるはずがありませ

ん。問題がきっかけになって活動が展開していきます。問題にはその問題の世界があります。その世界に触れ、そこで動かないと活動は起こりえません。子どもたちを初めての広場へ連れて行き、「遊べ」と言ってもいきなりでは無理でしょう。そこに何があり、どんな面白いことがあるか、しばらくは触れてみることが必要でしょう。

　子どもたちがその問題の世界と接触面を持たないと活動はできないのです。上に示した段階は「ガッタンピイ」の世界に子どもたちが接触した場面です。

　子どもたちが問題場面と接触面を広げていく段階は必ず必要です。問題文を黒板に書けば必ず子どもたちが働きかけてくると思ってはいけないのです。子どもたちと問題をどのように出会わすのか。これが授業のまず腐心すべきところであり、授業者の腕の見せ所なのです。いちばん大切なのは、子どもたちがその問題に手をかけることです。漠然と見ているのではなくやってみることです。

　上の例でいえば、この段階で全ての子どもたちが自分の手で「ガッタンピイ」をやっています。しかも、ほとんどの子どもが27という数にならないで失敗しているのです。たまたま27になって「やったあ」と喜んでいる二人の子どもがいます。しかし、この子どもたちも偶然の出来事で、まだそれほど充実感はないはずです。

〔第二段階〕ガッタンピイして27になる2桁の数はほかにないか探す。

　もっと当たりくじを探したいと子どもたちが能動に目覚めます。しかし、まだ試行錯誤の段階です。「もうほかにガッタンピイして27になる数はないかなあ」と、一人の男の子がポツリと言いました。小さな声ですがこれを聞き逃す手はありません。

**　授業者「あっ、今、孝がいいこと言ったぞ。孝、大きな声で言ってごらん」**

　孝は、今度ははっきりと言います。「ほかにもガッタンピイして27になる数があるかもしれない」。他の子どもたちも頷きながら聞きます。「よし、探してみよう」。授業者は何も言ってないのに、もう探そうとノートに向かっている子どもたちが大勢います。

　探すと言っても、行き当たりばったりに、いろいろの数をガッタンピイしてみるしかありません。筋道を立てて探す道筋は、まだ子どもたちには見えていません。いわゆる試行錯誤の状態です。試行錯誤とは try and error です。失敗を恐れずに次々と試みてみるのです。一見、無駄に見えるかもしれませんが、子どもたちはその行為によって、深く問題と関わるのです。

授業者「失敗しても、消してはいけないよ。試してみたことをちゃんとノートに残して
　　　おきなさい」

　これは活動を展開するときの一般的な心得として、子どもたちに
教えておかなければならないことです。

$$41 - 14 = 27$$

$$74 - 47 = 27$$

$$63 - 36 = 27$$

$$52 - 25 = 27$$

　ガッタンピイして27になる数がたくさん見つかりました。黒板
には4枚のカードが並びました。

　ここまでが第二段階です。ここでは子どもたちは問題に働きかけ
ています。働きかけるとは、対象を自分の意志で動かしたり変えた
りすることです。ガッタンピイの対象にする数を変えること、動かすことによって、結果
が27になる数を見つけたのです。

〔第三段階〕ガッタンピイして27になる数に何かきまりはないか見いだしたい。

　41、74、63、52の4つの数が見つかりました。この4つの数に子どもたちの目が注
がれます。ここが授業者として難しいところです

授業者　問いかけ案1「41、74、63、52。4つも当選番号が見つかったね。もうほ
　　　　かにないかな」

授業者　問いかけ案2「41、74、63、52に何かきまりが見えないかな」

　とっさに上の2つの発問が頭に浮かびます。でも、どちらも言いたくない。なぜなら子
どもたちが自分からこの働きかけの道をたどってほしいからです。余計なことはできるだ
け言いたくない。この思いが授業者には強いのです。

　しかし、そのままにしておいては子どもたちが動かない。何か促すことをしなければな
らない。どうすればよいでしょうか。

　実際は次のようにしました。黒板に貼られた4枚のカードを子どもたちといっしょに眺
めたのです。教室の後ろに回り、私自身が黒板をじっと見つめました。子どもたちも自然
に黒板を見つめます。ちょっと緊張した間をおいて、私はつぶやきました。

授業者「面白いなあ」

　すると子どもたちの中から、「あっ、ほんとだ。面白い」「面白いことが見える」という
声が出てきました。

カードを動かしてもいいかと言う子どもが出てきました。右の図のように並べ替えます。カードに働きかけているのです。ばらばらに見えていたものが、きれいに順に並んで見えることを見つけたのです。

この授業はこのあとも長く続きます。

$$41 - 14 = 27$$

$$52 - 25 = 27$$

$$63 - 36 = 27$$

$$74 - 47 = 27$$

① まず、41、52、63、74の4つの数は、十の位と一の位の差がどれも3になっていることに気付きます。

② では、85とか96もガッタンピイすると27になるかな？　といことになり、それを確かめます。

③ では、十の位と一の位の差が4や5になる数をガッタンピイするとどうなるか調べたいということになります。

〈差が4の場合〉　73、51など　　73－37＝36　　　51－15＝36

〈差が5の場合〉　72、94など　　72－27＝45　　　94－49＝45

④ 一の位と十の位の差の9倍がガッタンピイした数になっている。本当だろうか。調べてみたい。

⑤ なぜこのようなきまりがあるのだろうか知りたい。

このように、活動はどんどん新しい局面を生み出しながら発展していきます。授業の冒頭に提示される問題は、このように授業全体の活動のきっかけになるものなのです。

（2）鯛と問題

このように考えたとき、「たい」という言葉が浮かびました。「たい」とは、いったい何でしょうか。

「授業には鯛が泳いでいなければならない。小さなメダカみたいな鯛でもいい。とにかく鯛がいなくては授業にならない。大きな鯨みたいな鯛なら願ったり叶ったりだ。できるだけ元気に鯛が跳ねている授業がしたいと思う」

拙著『受動から能動へ』（東洋館出版社）の冒頭から引用しました。鯛というのは魚ですが、ここで言う鯛の正体は、あの海で泳いでいる魚ではありません。助動詞の「たい」なのです。食べたい、眠りたい、会いたい、……あの希望や願望を表す助動詞の「たい」なのです。その助動詞の「たい」が何故、お魚の「鯛」に変わったか。

何のことはない、駄洒落です。「神聖な授業の話をするのに、駄洒落などけしからん」というお叱りの声が聞こえてきます。しかし、どうしても「たい」を使わなければならな

かったのです。なぜなら、子どもたちのこの心を表す適当な言葉がないからです。

先生の配ってくれた三角形の３つの角を切って合わせたら180度になった。面白いなあ。では、どんな三角形でも、そうなるだろうか。子どもたちはいろいろな三角形を描いて調べていく。このときの子どもたちは確かに生きています。

子どもたちを動かしているのは、「調べてみたい」という「たい」です。子どもたちは「たい」によって生きる。「計算してみたい」「他の場面で調べてみたい」「作ってみたい」など様々の「たい」を自分の中に生起させて対象に働きかけていきます。

ええい面倒だ。もう「鯛」と書くことにしよう。授業には鯛が泳いでなくてはならない。小さなメダカみたいな鯛でもいい。元気のいい、ぴちぴちした鯛なら願ったり叶ったりだ。とにかく鯛がいなくては授業にはなりません。それは、授業が成立するための必要条件と言ってよいでしょう。鯛を引き出すということは、子どもの能動性を引き出すことと同じだからです。「鯛」などと言わなくても、意欲という言葉があるではないかと言うかもしれません。しかし、意欲という言葉は曖昧で輪郭がはっきりしません。

子どもたちが立方体の展開図を見つけようと懸命に取り組みます。母親に「もう寝なさい」と言われるのも構わずにがんばり続けたなどという話も聞きました。確かにその子どもはこの問題に意欲的に取り組んでいます。これは私たち教師が待ち望んでいる子どもの姿です。

しかし、この子どもたちが他の課題にもその積極性、熱心さを見せるかといえば、そうはいかないのです。その意欲はその瞬間にみなぎっています。しかし、その子どもの性質として定着しているわけではありません。意欲的な子どもと言うとき、その意欲の対象がはっきりしないのです。だから、意欲的な子どもを育てるなどと言った途端、その中身がすうっと手の中から漏れていくような気がします。なんとなくぼんやりと輪郭のない霧のように霞んでしまうのです。

昔、先輩から、馬に水を飲ませる話を聞いた覚えがあります。馬を泉のところへ連れていくことはできる。しかし、水を飲むか飲まないかは馬しだいだ。無理やり飲ませることはできない、という話です。ものを子どもたちに教えることの難しさを示すたとえ話です。

この水を飲みたいという馬の気持ちが意欲に当たるでしょう。だとすると、意欲は対象と対になっていて、対象を離れて意欲はないということになります。もっと言うと、対象に働きかけていく行為を押している馬の心が意欲なのでしょう。ただ水を飲みたいと思っている馬を、その対象から切り離して「意欲的な馬」だというのは変です。馬が水を飲みたいという意欲。その馬の心をずばり表現する言葉はないだろうか。そんなことをぼんや

り考えていたとき、ふと「たい」が浮かんだのです。「水を飲みたい」の「たい」です。

　子どもが「したい」と言ったら、何でも認めるのではありません。算数の授業には、算数で育てなければならない「たい」があるのです。例えば、かけ算九九で三の段の答えと七の段の答えをたすと十の段ができる（例 $3 \times 4 + 7 \times 4 = 10 \times 4$）。このことを見つけたとき、二の段と八の段でも調べてみたいという「たい」が子どもに生まれる。これは、子どもたちに絶対身につけてほしい鯛の一つです。一つのことを見つけたら、そのことをさらに広げて調べ確かめたいという鯛です。そのような算数の授業で泳がせたい「たい」はたくさんあります。

　鯛は数限りなくいます。どんな鯛がいるか集めてみるのも面白いのですが、あまり生産的ではありません。あまりに多過ぎて収拾がつかないのです。でも、分類の観点はあります。それを明確にすることは、鯛を育てる授業を考えるとき、欠かせない仕事になるでしょう。

　子どもたちは本来、鯛を持っています。隠してあるものは見たい。同じものを集めたい。たくさん集めたい。いちばん大きいもの（小さいもの）を決めたい。などなど、学習している、していないに関わらず、子どもなら誰もが示す鯛があります。この鯛の群れをひとまず原初的な鯛と呼んでおきましょう。

　授業の始めの段階では、この鯛が大切にされなければなりません。粘土の蛇を作らせる。できるだけ長い蛇を作りたい。ちらっと画用紙に描いたおはじきを見せて隠す。子どもたちは、「もう一度、見せて」と訴える。などはこの鯛です。鯛が突然、学級全体を覆って跳ね回ることはありません。小さな鯛が子どもたちのひと隅にちらりと顔を出す。それを素早く認め、大きくし、学級全体の鯛として共有する。それが授業者の仕事です。

3　問題解決の授業と問題

（1）問題を活動の場ととらえる

　算数の問題を解くことが算数を学習することだと思っている人は多いようです。問題を解くということは、正答を出すということです。正しい答えに早くたどり着くことができる人が算数に強い人であり、算数の力に長ける人だと考えられています。

　それはそれで反論はありません。しかし、算数を通して子どもたちを育てるという立場に立つ人は、子どもと算数の問題の関係について考えておかなければならないことがあります。とにかく問題を早く正しく解決できればよいと単純に考えるのでは狭すぎるのです。

たいのいる授業と「問題」

　問題を通して子どもたちを育てる場面ととらえるとき、問題をいくつかの種類に分けることができます。

　A　一つの概念や知識を学ぶきっかけになる問題
　　　（教科書の単元の最初に登場する問題）
　B　ある知識や技能を定着するための問題、いわゆる練習問題
　C　対象に働きかけていく力を育てる問題
　D　作問者によって隠されているものを見つける問題（パズル・クイズなど）

　この問題集を作るねらいは、C種の問題を集め、その問題と子どもたちの関わりを考えていくことにあります。つまり、算数の問題の中で子どもたちに算数的な活動を提供する場を創るものに視点を当てていきたいと考えているのです。育てなければならないのは、解決のための知識や技能だけではありません。子どもたちが問題に働きかけていく道筋を経験し、能動的に問題場面に関わっていくことの歓びを知ることを大切にしたいのです。まさに active learning を展開するきっかけになる問題に焦点を当てたいと思うのです。ここまで授業と問題の関わりについて考えてきたのも、そういう観点からであることは分かっていただけると思います。

　もう少し具体的に考えてみましょう。次のような問題があります。

問 題

2桁×2桁のかけ算があります（□□×□□）。このかけられる数とかける数をそれぞれ1ずつ大きくしました。すると、かけ算の答えは100大きくなりました。
もとのかけ算は、どんなかけ算だったでしょうか。

　内容としては4年生のものです。解けるか解けないかは別として、4年生なら問題の意味は理解できます。この問題を前にしたとき、4年生以上の子どもたちはどうするでしょうか。

　この問題を立ちどころに解決することを子どもたちに求めるのは無理です。しかし、この問題をきっかけにして、子どもたちの活動を喚起することはできます。そして、そこに展開する一連の活動を通して、子どもたちに活動することの楽しさを味わわせ、活動する力を育てることができます。問題を活動の場と考えるのです。

（2）問題解決の活動

①　とにかくやってみる

　前ページの問題を目の前にしたとき、子どもたちはどうするでしょうか。いきなり解決しようとしても、どこから手をつけていいのか戸惑うばかりでしょう。しかし、とにかく解決の手がかりとしてやってみることはできます。

　2桁のかけ算の被乗数と乗数をそれぞれ1ずつ増やしたとき積はどれだけ大きくなるか、それを試みることはできるのです。例えば何でもいい、2桁のかけ算を自分で決めて自分で実験してみるのです。

　このような問題に出会ったときに、とにかく自分の思いついた場合でやってみるという鯛を持つことのできる子どもにしたいのです。通常、問題が提示されたとき、すぐに正解に向かうことがよいことだと誰もが考えます。そういう風潮が大人にも子どもたちにもあります。しかし、その態度は活動する力を育てるという立場からは脱却したい考え方なのです。とにかく自分の力で最初の一歩を踏み出すことを大切にしたいのです。

　30×30でやってみましょう。被乗数と乗数を1ずつ増やすと31×31＝961で、積は61増えます。でも、これだけではなんの情報も得られせん。もう一つやってみましょう。

　63×42ではどうでしょう。63も42も根拠のある数ではありません。ただ思いついた数です。

　　　$63 \times 42 = 2646$　　　$64 \times 43 = 2752$　　　$2752 - 2646 = 106$

　これで二つデータがそろいました。

②　データを眺めてみる

使った二つの数	積の大きくなった数
30と30	61
63と42	106

　データはたった二つだけれど、このように整理して書き、眺めてみると「おや、これは面白い」とわくわくしてきます。左の二つの数の和が、積の大きくなった数より1少ない。ここでさらに調べたいことが出てくる。子どもたちの鯛はだんだん大きくなってきます。

③　見つけたきまりを使って問題を解決する

　「では50×50でやってみようか。もし、これで51×51が101大きくなったらしめた

ものだ」と心でつぶやきながら試してみることになります。

　　50×50＝2500　　51×51＝2601　　2601－2500＝101

　やっぱり、50＋50＝100より1多い101だけ積が大きくなります。
$A×B$を$(A+1)×(B+1)$にすると、答えは$A+B+1$だけ大きくなるらしいということを見つけることができました。理由ははっきり確かめたわけではありません。しかし、かなり重要な情報を手に入れたという実感はあります。

　問題には「積が100大きくなるかけ算を見つけなさい」とあります。だとすると二つの数の和は99になっていればいい。例えば50×49でどうだろうか。うまくいくだろうか。

　　50×49＝2450　　51×50＝2550　　2550－2450＝100

　お見事。求めるかけ算を見つけることができました。

④　なぜこのようなきまりが成立するか考える

　これで問題は解決にたどり着いています。4年生の子どもたちにとっては、ここまでくれば十分だと思われます。しかし、5，6年生だと落ち着かないでしょう。見つけたきまりはいくつかの例で確かめられただけです。必ずこのきまりが成り立つという保証はありません。なぜ、このようなきまりが成立するのか、それを明確にしなければこの問題を解決したことにはならないでしょう。

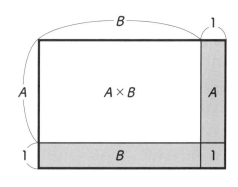

　ここは右の図で納得すればいい。この図を自分で描き、きまりの成立を証明できればそれに越したことはありません。でも、小学生にそこまで要求するのは無理でしょう。

（3）働きかけるということ

　「かけ算のかけられる数とかける数をそれぞれ1大きくすると、答えは二つの数の和より1大きくなる」というこのきまりは確かに面白い。しかし、それほど役に立つきまりではありません。だが、このきまりを見つけた過程は子どもたちにとって意味があります。

　最初、問題に出会ったときどこから手をつけてよいか分からない。多くの子どもがその状態のはずです。その子どもたちに、まず一歩動き始めることを教えなければならないの

です。問題の中にある「□□×□□」を、自分で決めた数で試みてみさせるのです。大人が「32×42でやってごらん」などと指示したくありません。自分で数を決めて試みたとき、そこに自分だけの世界ができる。友だちとは異なる自分だけの計算が登場することになる。このことがとても大切なのです。

「さあ、そこにできたかけ算のかける数とかけられる数をそれぞれ1ずつ大きくして、新しいかけ算をつくってみようか。答えはどれだけ大きくなるかなあ」

これは指示するしかありません。これで第一歩を踏み出したことになる。ほんのわずかだが問題に働きかけたのです。

もう一度言います。働きかけるとは自分の意志で対象を動かしたり変えたりすることです。問題の中にある「□□×□□」に実際の数を当てはめて実験したのだから、これは立派に問題に働きかけています。問題を変え、動かしているのです。

（4）能動のための受動

このことが次にどのような事態となって展開していくか、見通しのない子どもたちはまだ受動の状態です。だが、ここから能動的になる入口に立っているのです。

問題に働きかけることのできる子どもたちを育てたいというのが、私たちの大きな目標です。問題に働きかけることとは、言葉を変えれば、能動的に対象に関わっていくことだということができます。しかし、前にも言ったとおり、問題に向かい合った子どもたちが最初から能動的であるはずがありません。動き始めるためには半強制的に始動する段階が必要なのです。

エンジンが自分の力で回転を始めるためには、最初、外力で強制的に回転させなければなりません。子どもたちが問題に働きかけるときも同じ状態です。ただ、子どもの場合、「とにかくやってみよう」という動き出す力を自分の中に持っています。だから半強制的なのです。どんな事態が起きるか見通しはありません。しかし、とにかく動いてみようという力です。子どもたちはその力を自分の中に持っています。鯛は子どもたちの中にいるのです。しかし、そのことに子どもたちは気付いていません。それを表出させる指導が、授業者の仕事になるのです。

追求する子どもたち

もうひとつ具体例を示してみましょう。今度は問題を解く子どもたちの立場で問題に向かってみることにします。

たいのいる授業と「問題」

> **問 題**
>
> □□×□□＝5963
> 上の□に数字を入れて、答えが5963になる2桁のかけ算を見つけましょう。

　ふつう、計算問題は式があって、それを計算し答えを求めます。しかし、この問題は答えが分かっていて、その式を見つけなさいというものです。だから、子どもたちにとっては新鮮に感じるでしょう。

　とにかく当てずっぽうで2桁の計算を書き、計算してみるしかないのです。でも、2桁どうしのかけ算はざっと8100個もあるのです。実際に全部調べるのは、これは大変です。でも、ことごとく調べなくても、求める式に近づいていく方法があります。

　①　2桁のかけ算のおよその答えを見ぬく。

　②　かけ算の仕組みから、答えの一の位が決まるかけ算九九を見つけることができる。

　この二つに子どもたちが気付くことができるかどうか。それがこの問題のねらいです。

子どもの立場で考えよう　－考えるきっかけをつくる－

　まず、あれこれ考えずに、とにかく数を入れてみましょう。たとえば、34×28でどうでしょう。もちろんでたらめに数を決めたので、うまくいくはずがありません。だから「それではダメだよ」と呟く子どもがいるでしょう。

　「なぜこの子はまだ計算しないのにダメだと言ったのかな」とみんなで考えてみましょう。すると子どもたちは言うでしょう。

　「問題の答えは6000に近い数なのに、34×28では1000ぐらいにしかならない」

　きちんと計算しなくても、およその答えを予想しながら、目的のかけ算を見つけようとするこの迫り方がとても大切なのです。でたらめでもいいから試してみる。このことが考えるきっかけをつくるのです。

　①　およそ答えが6000になる□□×□□のかけ算を見つける。

　　　5963はおよそ6000です。二桁どうしのかけ算で答えをこの数に近づけるために十の位をいくらにすればいいでしょうか。50×90では4500にしかなりません。70×90では6300になり大きくなり過ぎです。70×80で5600。大分近づいてきました。ひとまず7□×8□＝5963と決めて、□に当てはまる数を探してみましょう。

27

②　34×28を計算してみましょう。答えは952ですね。この一の位の2はどのように
して決まったのでしょうか。もとのかけ算の一の位どうしのかけ算4×8＝32の一
の位の2ですね。

さあ、このことから7 ア ×8 イ のア×イを考えてみましょう。7 ア ×8 イ ＝5963です
から、ア×イの答えは一の位が3にならなくてなりません。かけ算九九で一の位が3にな
るのは何があるでしょうか。1×3、7×9と、その逆の3×1、9×7だけですね。

さあ、ここで見つけたことから、7□×8□に1、3または7、9を入れて、結果が
5963になるものがあるかどうか調べてみましょう。

この問題の面白いところ

67×89というのが求める式です。この式を探すのに子どもらしい方法をこれまで述べ
ました。私の学級の子どもたちは、みんな上の方法でこの問題を楽しみました。とにかく
行き当たりばったりに2桁のかけ算を書いてどんどん計算し、ちょうど5963にしようと
する子どもたちが多かったのです。でも、山ほど計算を繰り返し、失敗してはまた新しい
計算を書くということを繰り返しているうちに、上の二つのことに気付くことができました。

この問題に迫るためには、5963の約数を探すという方法もあります。5963を素数でわ
ってみるのです。素数は100までに次の25個があります。

2，3、5、7、11、13、17、19．23、29、31、37、41、43、47、53、59、
61、67　71、73、79、83、89、97

もし□□×□□＝5963の式が存在するのなら、必ずこの中のどれかで5963はわりきれ
るはずです（全部でわってみなくてもいい）。そのことから求める式にたどり着くことが
できます。この問題では、67で5963をわると商は89でわりきれます。67も89も素数
です。だから求める式は67×89（89×67）だけということになります。

あれこれと試みてやっとこの式にたどり着いた子どもたちを誉めてやりましょう。

ご苦労さん（5963）と……。

（5）問題と「問題解決型」の授業

もう一つどうしても言いたいことがあります。ここ数十年、多くの学校で行われている
問題解決型の授業についてです。そこには問題提示という段階があり、次に自力解決とい
う段階が待っています。この問題と自力解決という段階がどうも気になるのです。

問題とは出題者が、相手（子ども）が答えることを前提にして示す疑問文です。そこには、「問題を出したのだから、出された者は四の五の言わずに答えろ」という、出題する者の傲慢な雰囲気があります。いたずらに言葉にこだわっているのではありません。ふだん使い狎れている言葉を改めて凝視することが、授業の実践を変えることに繋がらなければ意味がありません。そのことは承知している上でのこだわりなのです。

上の文で、「使い狎れている」と書きました。「なれる」を「慣れる」や「馴れる」を使わずに「狎れる」にしたのは理由があります。「狎れる」は辞書を見ると「親しくなり過ぎてけじめがない態度になる」こととあります。目上の人に対する目下の者の態度を戒める言葉であり、この文脈の中で使うのは間違いかもしれません。でも、どうしてもこの語感が授業の世界の現状に合っているように思えて仕方がないのです。

私たちは、算数の学習を問題と解答の対の中でとらえることに狎れ過ぎているのではないでしょうか。教師は問題を出す人、そして、子どもたちはそれを解くべき存在。それを算数、数学の学習の姿だと当然のことのように考えています。無理もありません。そういう学習観の中で、誰もが算数を学んできたからです。そして、その延長線上で、問題解決学習とは、先生が提起した問題を子どもたちが解決することによって成立する学習と思い込んできたのです。そこに間違いの原点があります。

人は、その授業を問題解決型の授業と呼びます。この型の授業を信奉する人々は、一つの確固たる立場を持っています。算数の学習は、問題を解決することによって成立するという立場です。中には教師になったときから、ずっとこのタイプの授業にしか触れていないため、算数の授業とはこれ以外ないと思い込んでいる人もいるほどです。それほどに算数の学習には、問題を解くという行為が伴うと固く信じているのです。そして、あまりにも、それを信じ過ぎました。その型の授業が日常化し、その形だけがなぞられ、無反省のまま、信奉する人たちを束縛してきました。私は、このような問題解決学習の現状に不満を感じます。危機感を持っていると言っていいでしょう。

この型の授業では、当然のことながら、最初に問題提示という場面があります。問題が黒板の左上に掲げられます。なぜか左上が多いのです。例えば「４ｍが８ｋｇの鉄の棒があります。この鉄の棒１ｍ当たりの重さはいくらですか」というような問題です。その文章は確かに問いかけの形であり、疑問文です。しかし、それが疑問形だから即、それに子どもたちが答えたい、答えを出したいと思っているとは限りません。子どもたちの鯛とは関係なく、無頓着に問題は子どもたちの前に現れるのです。この問題をどうして解かなければならないのか。切断できない鉄の棒の１ｍの重さをどうして知らなければならないの

か。「そんなことを詮索するな。とにかく求めろ」。声には出してはいませんが、教える立場にいる自分が提示しているのだから、子どもたちはそれを解くべきであると言いたいのでしょうか。でも、それではあまりに傲慢過ぎるのではないでしょうか。

　本来の問題解決学習は、教師が提起した問題を子どもたちが解決することによって成立する学習ではありません。子どもたちの学習が成立するのは、問題が子どもたちの中に生起し、それを解決しようと子どもたちが活動するときです。ここで、2種類の問題が登場し混乱します。教師が提示する問題と子どもたちの中に生起する問題です。混乱を避けるため後者（子どもたちの中に生起する問題）を「子どもの問い」と呼ぶことにしましょう。

　問題解決学習の条件は、問題が子どもたちが解きたいものとして子どもたちのものになることです。つまり、子どもたちが問いを持つことです。問題解決学習において何が条件かと聞かれたら、その一つに尽きると応えたい。その一点から目を逸らしてはならないのです。このことを、授業全体を通してずっと見続けることが肝心なのです。

　子どもがその問題場面を前にして「解きたい」という心を持ったとき、初めてそこに解決の対象としての問題が現れるのです。そこを出発点にしたとき、初めて学習は成立します。私が見てきた多くの問題解決型の授業では、この一点が欠落していました。問題提示の段階と位置付けながら、そこで提示された場面が子どもたちの問題意識に触れていないとすれば、こんなおかしなことはありません。

　子どもたちにとってどんなに興味深い素材を扱っても、また、分かりやすい場面を用意しても、それが提示された瞬間は子どもたちの問題にはなっていないのです。子どもたちは促されるままに問題を解こうとします。しかし、多くの子どもたちは問題を解かされているのであって、それを自分の問題にしているわけではありません。どんなにうまく授業者が、その問題について説明したとしても、事情は全く同じです。確かに指導案には「問題把握」とか「問題をつかむ」など、子どもたちの立場を表現した言葉は使われています。しかし、もしそういう表現を使うなら、まず、子どもたちが問題をとらえるとはどういうことなのか明確にしなければならないはずです。子どもたちが問題をとらえるとはどういう状態をいうのか、その判断、考察は欠かすことができないでしょう。

　問題提示のあとには、自力解決という段階が待っています。その言葉のとおり、先生の出した問題を子どもたちが自分の力で解く時間です。子どもたちは15分から、多いときは20分も一人で問題と向かい合うことになります。

　上で述べたように、子どもたちはまだその問題を自分の問題としてとらえていません。問題の意味も分かっていない。何よりも自分がその問題と関わり合うことの意味を感じて

いない。その状態で、問題を解かされるのですから、子どもたちの表情は暗くなります。このような文章を書くときに、「表情が暗い」などという主観的に感じていることを混ぜるべきではないのかもしれません。しかし、ここ10年以上、各地で参観した授業の多くで、その辛さを味わいました。為すこともなく茫然と手元を見つめる子ども。ワークシートに意味もなく文字や図を書いては消す子ども。居たたまれない時間が過ぎて行きます。私が、今、この文を書いているいちばん大きな動機は、そのような子どもたちの姿を黙って見ていなければならない授業者としての辛さ、遣り切れなさにあります。

　この類の授業の欠点を強調することが目的ではありません。ただ、この授業で指導の段階と言われているものの問題点を明確にし、そこに打開の道を見いだしたいのです。

　この類の授業は、問題提示、自力解決、練り上げ、まとめという四段階のもとに計画され展開されます（各段階を表す言葉は、種々変わったものが使われていますが、内容は、この四つに置き換えることができます）。ここでいちばんの問題点は、この四段階が授業者の手順のプログラムになっていることです。もし、授業で段階を予め設定するとすれば、それは子どもたちの変容の見通しでなければならないはずです。

　授業は子どもを変えることが仕事です。だからこそ、そこには、授業者から子どもへの働きかけと同時に、評価という目が働いていなければならないのです。もちろん授業者の手順のプログラムも必要です。同時に、そのプログラムの進行にしたがって、相手がどのように変わったかとらえ続けていなければならないわけです。そんなことは今更いうまでもないことです。指導と評価は双輪の如しなどと意識しなくとも、授業者なら、自然に心にも身体にもそれは染み付いているはずです。

　ところが、授業の形を外から与えられ、安心してそれに頼ってしまうと、手順だけが授業者に意識され、子どもたちの姿が見えなくなってしまうのです。唐突な例えですが、ボタンを押すとロケットが発射すると信じ込むのと同じです。ボタンと発射装置を繋いでいる仕組みを知らない人でもボタンを押すことはできます。しかし、その人はただ、ひたすら、その機能を信じるしかありません。問題把握の段階を用意し、問題を提示したから、子どもは問題を把握したと思い込んで安心してしまう。ボタンを押したからロケットは飛んだはずだと、ロケットを見て確かめることすらしない。そんなおかしな出来事が起きてしまうのです。

　ではどうすればいいのか。その問題に少しでも接近したいと考えたことを、この文で書き連ねてみました。子どもたちの鯛を大切にしたい。子どもたちが自らの意志で問題に働きかけていく姿を実現したい。そう思うことしきりです。

能動と「たい」

武蔵村山市立小中一貫校大南学園第七小学校　校長　**小野江 隆**

1　鯛からたいへ

「校長先生、目からうろこ…でした」……「僕の求めているものがありました」

正木先生の模擬授業をはじめて参観した本校の研究主任・高山主幹の第一声です。

「鯛」のいる授業が大事なんです……正木先生

算数に「鯛」とは？　何のことだろう？

その答えが、2時間の講義の中で明らかになっていきました。

高山主幹は、模擬授業から、受け身の姿勢だった自分自身が主体的（＝能動的）に授業に参加していく自分へと変化し、模擬授業を受ける先生たちが正木先生の授業に吸い込まれ、自ら何かを発したい、解きたい、答えたいと食いついていく姿を目の当たりにします。「鯛のいる」とは、「たいのある授業」ということだったのです。

正木先生の問いかけで、模擬授業を受ける我々教師の声（つぶやき）は、次の瞬間「最高の問い」として生かされていく（生まれ変わる）。

「そうか、そのつぶやきこそ、取り上げるにふさわしい子どもの反応であり、たいが生み出されていく瞬間である」（＝子どもが動き出すとき）。

この一瞬を逃さない（＝子どもを大切にしている）。算数を通して、教師としての正木先生の生き方、姿勢に大きく心を打たれた高山主幹の心の声なのです。

ここで、私と高山先生の共通点と方向性が一つになりました。

「鯛」と「たい」が一つになった。

私たちが経験した「たい」とは、能動的な営みが生まれる授業であり、それこそが、今の子どもたちに必要な主体的・能動的な学びであり、目指す姿「働きかける子ども」なのです。正木先生を講師にお呼びしての第1回の校内研究はここから始まりました。

2　正木先生との出会い

校内研での正木先生の授業後の講義は毎回新鮮でした。ガツンと頭を打たれた瞬間にも似た、何か新しい「ひらめき」「新たな転換・視点」に気付かされた感覚を、どの教員も

もつことができました。解かせたい、分からせたいが先行する、算数ができたかできないか、問題ができたかどうかという点とは、まったく別の次元・視点です。もっと解きたい、やってみたい、算数と向き合いたいという子どもの「たい」があるか？　算数でこんな子どもたちに育てたいという視点で授業を見直すことがどれほど大切か？　それが心に落ちたのです。

　　大切なことは、子どもたちが「問題」に能動的に関わろうとする瞬間があるか？
　　子どもたちは動き出しているか？
　　たいのいる授業とは、そこに「働きかける子どもの姿がある」ことだ。

　算数を通してどのような子どもにしていきたいか？　というもっとも根源的な目標に迫る「働きかける子ども」という見方を見据えることへと、我々の研究は大きくかじ取りを変える必要があることが、謎解きのように分かってきたのです。

3　なぜ問題なのか？

　正木先生は、同じ算数の問題をまったく違う問題として作り変えてしまいます。何が違うのか？　そこには、我々の日々の教材研究とはまったく違う視点がありました。

　　授業そのものに子どもの能動性があるか（＝たいがいるか）を常に吟味しながら授業を組み立てるためには、そこに提示する問題そのものに「たい」を生み出す「大きなカギ」や「大きなしかけ」があることが分かってきた。

　「たい」を生み出す問題の背景には、子どもが算数好きになる要因と大きく関わることが分かってきました。つまり「解きたい」と子どもが動き出す問題には、子どもが算数好きになるプロセスがあるということです。「たい」を引き出す問題づくりを授業研究と並行して進めることは、受動から能動への授業づくりをより深化させていくことにつながるのです。

　　問題の本質に迫る＝問題のどこに「たいを生む瞬間」があるか見ぬくということ

　研究には、いろいろな方法があります。研究発表で終わりの研究では意味がありません。先生たちの研究の過程で生まれたり、取り上げたりした問題を一つの形に残したい。そんな思いでこの問題集をまとめました。ですから、この問題集を手にすることで、生涯学び続ける教師の歩む姿として映ったとしたら、それは問題集の域を超えると思っています。

　　子どもを算数好きにさせる「たい」を生む問題か？

　この問題集のテーマです。この問題集が、手に取ってくださった一人でも多くの先生方の「たい」を生み出す授業づくりへの道筋になれば幸いです。生涯算数への第1歩として。

「たい」のいる授業との出会い

武蔵村山市立小中一貫校大南学園第七小学校　研究主任　**高山 夏樹**

　昨年、平成28年4月からスタートした本校の研究は、「算数科」での取組であった。当初は、やはり「基礎基本」の充実を図っていけるものをと考えていた。そんな中、年間講師である「正木孝昌先生」の模擬授業を受けた。まさに、「目からうろこ」だった。正木先生の質問に、私たち教員一同、「答えたい」「考えたい」という気持ちでいっぱいになった。

　そして、本校の研究主題を、「学んできたことを生かして、伝え合い・学び合う児童の育成」と設定し、副題を「受動から能動へ、子供たち同士の働きかけを通して」とし、研究がスタートした。

　具体的な授業研究では、子どもたちの「答えたい」「考えたい」という欲求を生み出すことに視点を当て、授業の中で、「子どもたちの中から『たい』」が生まれてきたかどうか」「そのための教師の発問の仕方は？」「提示した問題は？」と、日々研鑽を積んできた。

　「できたか」「できなかったか」という評価だけではなく、あくまで、「この授業に『たい』がいるかどうか？」という視点で、授業研究を重ねること一年、子どもたちに、研究開始当初にとったのと同じアンケートを実施した。すると、「算数が好き」という子どもの割合や、「自分の考えを説明したり、友だちの考えを聞いたりするのは楽しい」と答えた子どもの割合も上がるなど、大きな変化が見られた。また、「解けたときの達成感が気持ちよい」や「問題を解いていく中に、『なるほど！』と思うことがたくさんあるから」といった声を拾うことができた。

　そこから、子どもたちが「算数好き」になるには、我々教師から提示される「問題」が大きく関わっていることも分かってきた。つまり、「やってみたい」という欲求が、子どもたちを算数好きにさせていく大きな力となっていることに気付いたのである。

　「この問題なら『たい』が生まれるかもしれない」と私たちが考え、探し出した問題には、単元の中で実施できる問題だけでなく、単元計画の中には、なかなか落とし込むことができない、いわゆる「トピック問題」のようなものある。しかし、そうした問題でも、

一年間の授業の中で、定期的・継続的に実施していくことで、子どもたちの「たい」を育むことができると考え、二年目である本年度は、そうした「トピック問題」にも取り組み、より幅広く、子どもたちの「たい」が引き出せる問題を探っていくことにした。

　このような、「授業に『たい』がいる」といるという視点は、算数に限らず、すべての教科・領域の学習場面に当てはまるということも、実践を通していく中で、私たち教員の中で確実に広がりを見せ始めている。

　そして、本研究を振り返ると、問題を考えたり、その提示の仕方を工夫したりするという点で、校内研究としてまだまだ不十分なところは多い。しかし、我々一人ひとりの教員が、「こんな問題なら、子どもたちの解いてみたい！　やりたい！　伝えたい！を引き出せるのでは？」といった問題を見つけていこうという、目（芽）がもてるようになったことが、授業を変えていく大きな第一歩ではないかと思う。

　日々、膨大な雑務に追われながらの授業づくりの中では、正直、新しい問題を考え、準備していくこと自体、難しいと思われる場面もたくさんあった。そして、それは私たちの学校に限ったことではないと思う。ならば、この問題集が少しでも、諸先生方の明日の授業づくりの一助になればと思う。

　子どもたちの「たい」を生み出すために。

たいを生む
算数60問

1年 [1～10] ·· 38

2年 [11～20] ·· 58

3年 [21～30] ·· 78

4年 [31～40] ·· 98

5年 [41～50] ·· 118

6年 [51～60] ·· 138

※本文中の「C」は予想される子どもの発言、「T」はそれに対する教師の助言を示しています。

1年　いくつといくつ

1 おはじきの数はいくつといくつ？

問題

　10このおはじきをまるの中に入れるゲームをしました。そのゲームで、ななみさんは2こ入らなかったそうです。ななみさんは、いくつ入れることができたのでしょう。

授業のねらい

　10という数がいくつといくつでできているかを考えさせることをねらいとしている。その中で、入らなかった数だけが情報として与えられている情況から、入った数を求めることができる子どもを育てたい。

授業の流れ

・上の問題を提示し、問題を正しく理解させる。

> ななみさんは、いくつ入れることができたのでしょう。

　C：2個入らなかったんだよね。
　C：10個の中から、入らなかった分を取ってしまえばいいんじゃない。

・子どもたちに自由に試行させたあと、全体の数、入った数、入らなかった数を図にして整理させる。

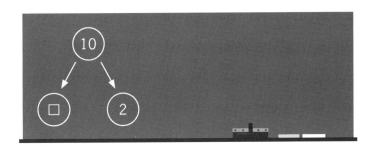

C:「いくつといくつ」で勉強した形になった。
C:10は「□と2」って考えればいいんだ。

10は、何と2でできている数でしょう。

C:10は「8と2」です。

・10が「8と2」でできていることが分かったら、上の図に当てはめて考えさせる。

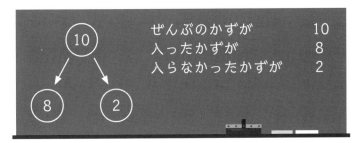

・入った数が分からない場合でも、図にして整理すると、「いくつといくつ」の考え方で入った数を求めることができることを理解させる。

自分たちで、実際におはじきゲームをして、このような問題を作ってみよう。

・今度は自分たちでゲームを行い、どれかの数を隠して問題を出し合うようにする。
・自分たちで活動しながら行うことで、学習したいという意欲にもつなげていきたい。

1年 たしざん

2 6になるたし算を考えよう

問題

こくばんには、こたえが6になるたし算のカードがはってあります。6になるたしざんを見つけましょう。

授業のねらい

同じ答えのたし算を、順序よく全部並べることができる子どもを育てたい。

授業の流れ

・上の問題を提示し、その意味を正しく理解させる。

答えが「6」になるたし算にはどんなものがありますか。

C：「1＋5」です。

・ここで、児童が発表したカードを裏返して、黒板の左側に貼る。

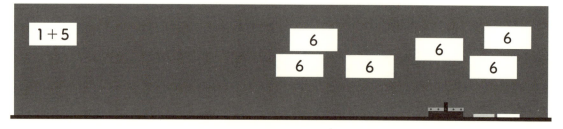

ほかにはありませんか。

C：「5＋1」があります。
C：「2＋4」と「4＋2」があります。
C：「0＋6」と「6＋0」があります。

・1つだけカードを残して、次の問いを出す。

では、1つ残っているカードに書かれているたし算は何でしょう。
カードを並び替えて考えてみましょう。

・ここで、たされる数が小さい順にカードを並べ替える。

・カードの並びから、たされる数が3のときの式がぬけていることに気付かせる。
　C：「3＋3」がないよ。
・答えが6になる式は、「3＋3」をふくめた7つあることを理解させる。

・発展として、答えが8になるたし算や10になるたし算を見つけさせてもよい。

1年 たしざん、ひきざん

③ □の中に何が入る？

問題

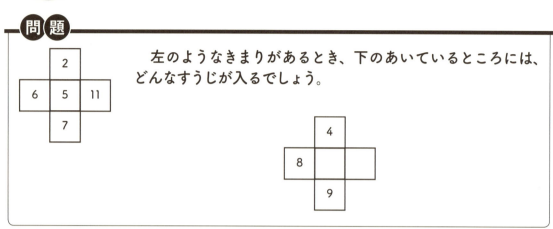

左のようなきまりがあるとき、下のあいているところには、どんなすうじが入るでしょう。

授業のねらい

　数字の並びのきまりを推理し、そのきまりにしたがって空欄にどんな数字が入るのかを考えていくことができる子どもを育てたい。

授業の流れ

・黒板に縦横のマス目を書き、図のように、きまりにしたがって数字を入れて見せる。

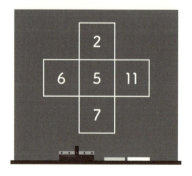

縦と横に並んでいる数字から、どんなきまりがあるのか考えてみましょう。

　C：縦の2と5と7というのは、2＋5＝7になっていると思います。

C：横の6と5と11というのは、6＋5＝11になっていると思います。
C：縦も横も、たし算になっていると思います。

> 上で見つけたきまりを使って、次の空いている□の中にどんな数字が入るか考えましょう。

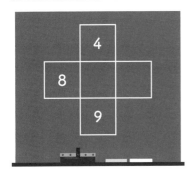

C：4に何かをたすと答えが9になるのは5だから、真ん中の□には5が入ると思います。
C：8＋5＝13なので、残っている□の中に入る数字は13だと思います。

 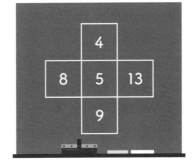

・発展として、次のような問題に取り組ませてもよい。

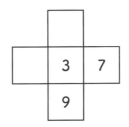

1年 たしざん、ひきざん

4 虫食いの計算を考えよう

問題

つぎの □ に入るかずを考えましょう。

4 + □ = 7

授業のねらい

虫食いの□に入る数字が何になるか、いろいろな方法を考えることができる子どもを育てたい。

授業の流れ

・「4 + □ = 7」の式を提示し、□に入る数を考えさせる。

> この式の□には、どんな数が入るでしょう。
> まずは、好きな数字を入れて考えてみましょう。

・好きな数字を入れて、答えが7になるものを探す。

・子どもの発言をすべて板書する。

```
4 + □ = 7
 ①  4 + 2        ②  4 + 6        ③  4 + 3
 ④  4 + 5        ⑤  4 + 4
```

・上の①〜⑤の中で、条件に合うのはどれか話し合う。

☆ 4 + □ = 7

□に当てはまる数を考えてみましょう。

C：1から順に数を入れてみました。

C：数字の下に○を書いて考えました。

C：4にあといくつたせばいいかで考えました。

C：答えからはじめの数をひくとできると思いました。

・子どもの考えを黒板にまとめる。

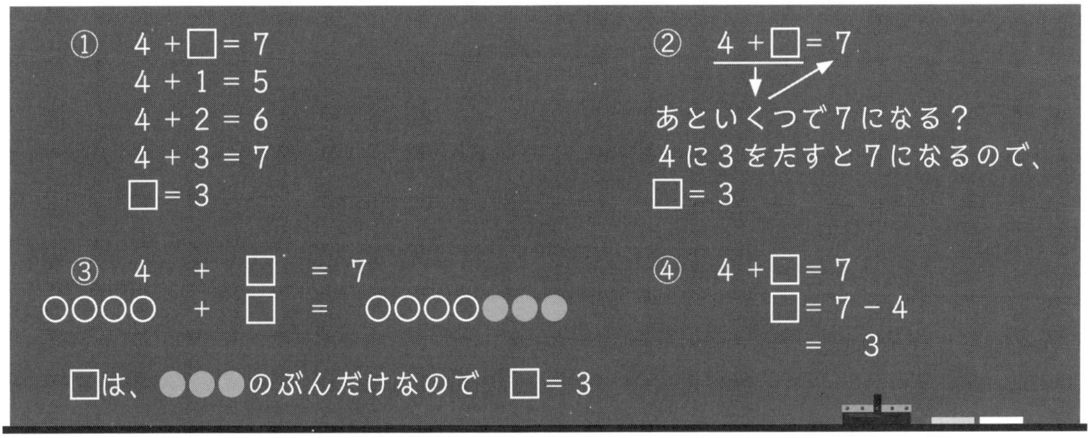

① 　4 ＋□＝ 7
　　　4 ＋ 1 ＝ 5
　　　4 ＋ 2 ＝ 6
　　　4 ＋ 3 ＝ 7
　　　　□ ＝ 3

② 　4 ＋□＝ 7
あといくつで 7 になる？
4 に 3 をたすと 7 になるので、
□ ＝ 3

③ 　4 　＋ □ 　＝ 7
○○○○ ＋ □ ＝ ○○○○●●●

　□は、●●●のぶんだけなので 　□ ＝ 3

④ 　4 ＋□＝ 7
　　　　□ ＝ 7 － 4
　　　　　 ＝ 　3

・話し合いを通して、次のことに気付かせる。

①　分からない数があっても、「あといくつで答えになるか」を考えると、その数を知ることができる。

②　分からない数があっても、図で表すとその数を知ることができる。

1年 たしざんとひきざん

⑤ 3つの数の計算を
考えよう①

問題

　4わのひよこがでんしゃごっこをしてあそんでいました。そこに2わのひよこがなかまに入りました。さらに、□わのひよこがなかまに入りました。ぜんぶでひよこは9わになりました。さいごになかまに入ったのは、なんわだったのでしょう。

授業のねらい

　3つの数の計算の途中に分からない数がある場合でも、話の内容を整理しながら問題を解くことができる子どもを育てたい。

授業の流れ

・問題を提示し、その意味を正しく理解させる。

> 　4わのひよこがでんしゃごっこをしてあそんでいました。
> そこに2わのひよこがなかまに入りました。
> さらに、□わのひよこがなかまに入りました。
> ぜんぶでひよこは9わになりました。

はじめに電車に乗っていたひよこは、何羽でしたか。

C：4羽です。

次に、仲間に入ったのは、何羽でしたか。

C：2羽です。

ここまでで、何羽が仲間になりましたか。

C：4＋2だから、6。6羽です。

最後に仲間になったのは何羽で、全部で何羽になりましたか。

C：最後に仲間になったのは何羽か分からないけど、全部で9羽になりました。

・□に入る数について注目させる。

では、最後に仲間になったのは何羽だったのでしょう。式に表してみましょう。

C：式は4＋2と6＋□です。はじめに2羽、あとから□羽仲間になって増えたからです。

C：4＋2＋□です。1つにまとめた方が分かりやすいからです。

・「はじめに4羽いて、2羽増えた。そして、何羽か増えて9羽になった。」
　このことを整理して、式で表す。

・1つの式にまとめると分かりやすいことに気付かせる。

①　4 ＋ 2 ＝ 6　　　6 ＋□＝ 9

⇩　これらのしきを1つにまとめて

②　4 ＋ 2 ＋□＝ 9

4 ＋ 2 ＋□＝ 9　の□に入る数を調べましょう。

$\underline{4 ＋ 2}＋\boxed{}＝9$
↓　　　あといくつで9？
6

C：4＋2＝6だから、6＋□＝9の□に入る数です。

C：6に□をたすと9になるから、□には3が入ります。

1年 たしざんとひきざん

⑥ 3つの数の計算を 考えよう②

問題

　でんしゃにねずみが10ぴきのっています。まず、山のえきで4ひきおりました。つぎに、トンネルえきでなんひきかおりました。すると、さいごに4ひきのこっていました。トンネルえきで、なんびきおりたのでしょう。

授業のねらい

　3つの数の計算の途中に分からない数がある場合でも、話の内容を整理しながら問題を解くことができる子どもを育てたい。

授業の流れ

・問題を提示し、その意味を正しく理解させる。

でんしゃにねずみが10ぴきのっています。
まず、やまのえきで4ひきおりました。
つぎに、トンネルえきでなんひきかおりました。
すると、さいごに4ひきのこっていました。

はじめに乗っていたねずみは何匹でしたか。

C：10匹です。

山の駅で何匹降りましたか。

C：4匹です。

ここまでで、何匹電車に乗っていますか。

C：10匹から4匹降りたので、6匹です。

> トンネル駅で何匹降りて、最後に何匹残っていましたか。

　C：トンネル駅で降りたのは何匹か分からないけど、最後に4匹残っていました。

・分からない数について注目させる。

> では、トンネル駅で何匹降りたのでしょう。式に表してみましょう。

　C：トンネル駅で□匹降りたと考えて式を作ればいいと思います。

　C：式は、まずは10－4で6です。そして、6匹から何匹か降りて4匹になったので、
　　　6－□＝4だと思います。

　C：10－4－□です。1つの式にまとめた方が分かりやすいからです。

・「はじめに10匹乗っていて、4匹降りた。そして、何匹か降りて4匹残った。」
　このことを整理して、式に表す。

・1つの式にまとめると分かりやすいことに気付かせる。

① 　10－4＝6　　　　6－□＝4

⇩　これらの式を1つにまとめて

② 　10－4－□＝4

> 10－4－□＝4　の□に入る数を調べましょう。

10－4－□＝4
↓　　あといくつひくと4になるかな？
6

　C：10－4＝6だから、6－□＝4の□に入る数を考えて、□には2が入ります。

1年 20より大きいかず

⑦ □に入る数字は？

問題

つぎの□にどんなすうじが入るかしらべましょう。

1　　4　　7　　10　　□　　16　　19　　22

授業のねらい

　数字の並びからきまりを見つけ、分からない数字を求めることができる子どもを育てたい。

授業の流れ

・上の問題の数字の並びを提示をする。

| 1 | 4 | 7 | 10 | □ | 16 | 19 | 22 |

この数は、あるきまりにしたがって並んでいます。どんなきまりでしょうか。

C：小さい順番で並んでいる。
C：数が増えていっている。

確かに、小さい順番で並んでいるし、右にいけばいくほど数が増えていますね。
では、どのくらい増えているでしょう。

・数の増え方に着目できるように働きかける。
　　C：1から4は、3増えている。
　　C：4から7は、3増えている。
　　C：7から10は、3増えている。

50

```
1 → 4 → 7 → 10  □   16   19   22
  3ふえている 3ふえている 3ふえている
```

C：右に1つ進むと、3ずつ増えている。
C：ということは、10の次は、10に3をたして13だ。

・13以降の数についても、3増えると次の数になるのかを確認する。
C：13に3をたすと16になる。ここも同じきまりだね。

> では、22の次にくる数は何だと思いますか。

C：さっきのきまりを使えばいいはずだから、22から3増やせばいいんだ。
C：「22＋3＝25」だから、22の次は25だ。

・きまりを見つけることができれば、先にある数を推測できることに気付かせる。

> この数字の並びで、12番目にくる数字は何でしょう。

C：3ずつたしていけば、答えが見つかるはずだ。
　　22は8番目、25は9番目だから、10番目は28だね。

C：きまりが分かれば、12番目が「34」ということも分かるね。

| 1年 | 20より大きいかず |

8 ７のつく数字はいくつある？

問題

1から100までのすうじの中に、「7」のつくすうじはいくつあるでしょう。

授業のねらい

　試行錯誤しながら目的に合った数字を調べることのできる子どもを育てたい。また、答えを求めるだけでなく、より効率的に見つける方法を探すことのできる子どもの育成も目指したい。

授業の流れ

・上の問題を提示し、最初は感覚的に予想させる。

　1から100までの中で、「7」のつく数字は、全部で何個あると思いますか。
　自分の予想を言ってみましょう。

C：8個。
C：10個。
C：もっと多いと思うので、20個。
C：30個くらいあると思う。

　では、今から調べてみましょう。

・まずは、自分の方法で考えさせ、答えまでたどり着かせる。

・100までの数表を黒板に貼り、数字の並び方に着目させる。

　この数字の表で、7がつく数字を〇で囲んでみましょう。

52

0	1	2	3	4	5	6	⑦	8	9
10	11	12	13	14	15	16	⑰	18	19
20	21	22	23	24	25	26	㉗	28	29
30	31	32	33	34	35	36	㊲	38	39
40	41	42	43	44	45	46	㊼	48	49
50	51	52	53	54	55	56	㊗	58	59
60	61	62	63	64	65	66	67	68	69
70	71	72	73	74	75	76	77	78	79
80	81	82	83	84	85	86	87	88	89
90	91	92	93	94	95	96	97	98	99
100									

それぞれのよこのだんに1こずつ
（100をのぞく）

〇で囲んだ数は10あるから、7のつく数字は全部で10個だったんだね。

C：いや、70の段の数には全部7がついているよ。

0	1	2	3	4	5	6	⑦	8	9
10	11	12	13	14	15	16	⑰	18	19
20	21	22	23	24	25	26	㉗	28	29
30	31	32	33	34	35	36	㊲	38	39
40	41	42	43	44	45	46	㊼	48	49
50	51	52	53	54	55	56	㊗	58	59
60	61	62	63	64	65	66	67	68	69
⑦⓪	⑦①	⑦②	⑦③	⑦④	⑦⑤	⑦⑥	⑦⑦	⑦⑧	⑦⑨
80	81	82	83	84	85	86	87	88	89
90	91	92	93	94	95	96	97	98	99
100									

それぞれのよこのだんに1こずつ
（100をのぞく）
＋
70のだんのかずぜんぶ

これを全部合わせると、それぞれの横の段に1個ずつで10個。70の段全部で10個。
合わせると、20個だね。

C：でも、77は横の段の10個にも70の段の10個にも入っているよ。

・「77」は両方に重なっているので、20個から1つ分を引き、「7」のつく数は全部で19
　個となることに気付かせる。

1年 たしざん、ひきざん

⑨ ○△□に入る数字を考えよう

問題

つぎの○△□に、どんなすうじが入るかしらべましょう。

$$3 + ○ = □$$
$$△ + 1 = 5$$
$$1 + □ = △$$

授業のねらい

　3つの式の中から未知数の分かる式を見つけ、それを手がかりにして、他の分からない問題にも使おうとする工夫ができる子どもを育てたい。

授業の流れ

・上の問題を提示し、同じマークには同じ数字が入ることを説明する。

□には、全部同じ数字が入ります。△にも、全部同じ数字が入ります。

○、△、□には、違う数字が入ります。

○、△、□には、どんな数字が入るでしょう。まず、思いついた数字を入れてみましょう。

C：○に3を入れてみよう。

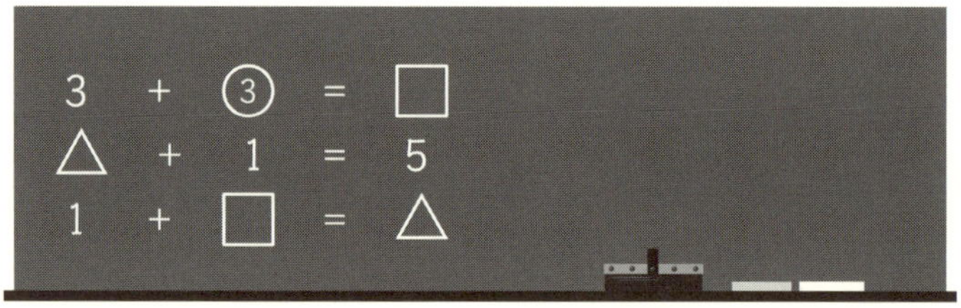

C：一番上の式は、3＋3になったから、□は6だ。

T：では、一番下の式の□に、6を入れてみましょう。

54

```
3 + ③ = 6
△ + 1 = 5
1 + 6 = △7
```

C：これで、真ん中の式もできるぞ。「7＋1＝5」、あれ？

・ここで、○の中が3では、答えが合わないことに気付かせる。

・適当に数字を入れるよりも、効率的な見つけ方を考えさせる。

適当に数字を入れなくても、答えが見つかるマークはないですか。

C：真ん中の式の△なら、数字が2つ分かっているし、答えが分かりそうだ。

C：何かに1をたすと5になるんだから、△は4だ。

```
3 + ○ = □
△4 + 1 = 5
1 + □ = △
```

・△が4だと分かったところで、3つ目の式に着目させる。

```
3 + ○ = □
△4 + 1 = 5
1 + □ = △4
```

C：1に何かをたすと4になるんだから、□は3だ。

```
3 + ○ = 3
△4 + 1 = 5
1 + 3 = △4
```

C：3に何かをたすと3になるのは0だけだから、○は0だ。

C：最初に分かった△を手がかりにしていくと、□や○も分かるね。

1年 特設

10 いちばん年上はだれ？

問題

　たなかさん、こやまさん、やのさん、きむらさんの4人の中で、いちばん年上はだれでしょう。ただし、ねんれいがおなじ人はいません。

> こやまさん「わたしは、たなかさんより6さい年下だよ。」
> たなかさん「……」（ボーとしている。）
> やのさん　「わたしは、きむらさんより7さい年上だよ。」
> きむらさん「年のじゅんばんで、上から3ばんめは、やのさんだよ。」

授業のねらい

　分からないことがらについて、話の内容を整理しながら考えて推測し、答えを導き出そうとする子どもを育てたい。

授業の流れ

・上の問題の4人の会話は伏せて、最初の問題文だけを提示する。

> 4人の中で、一番年上なのは、誰でしょう。

　C：これじゃあ、分からないよ。
　C：何かヒントがあれば分かるけど。

> 実は、この4人、年齢のことについてこんなお話をしていたんだって。

・上の問題の4人の会話を提示する。

> これを見て、すぐに何番目かが分かる人が1人います。それは誰でしょう。

　C：うーん、あ、3番目って言ってる人がいる。

・きむらさんの話に注目させ、年の順で「上から3番目が『やのさん』」ということに気付かせる。

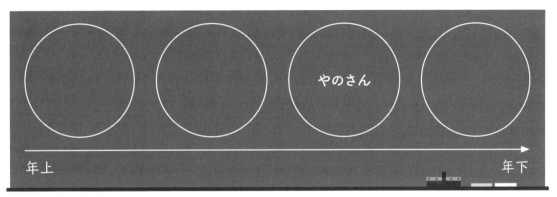

では、次は誰の場所を決めようか。

C：うーん、きむらさん？

・ここで、いろいろと試行させ、4人の会話と合わないところがないか確認させる。

・「やのさん」の場所が決まったので、「やのさん」と関係のある話に注目させる。
（そうすると、やのさんが「わたしは、きむらさんより7さい年上」と話しているので、「『きむらさん』は『やのさん』より年下」となる。）

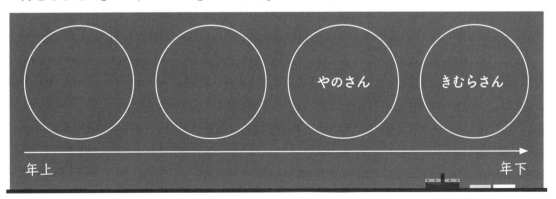

・残りの「こやまさん」と「たなかさん」を比べさせる。
（「こやまさん」の話より「わたしは、たなかさんより6さい年下」と言っているので、「1番年上は、『たなかさん』」となる。）

2年 1000までの数

11 貯金はどちらが どれだけ多い？

> **問題**
>
> さとしさん、とも子さんは、それぞれちょ金をしました。どちらが、どれくらい多くちょ金したでしょうか。

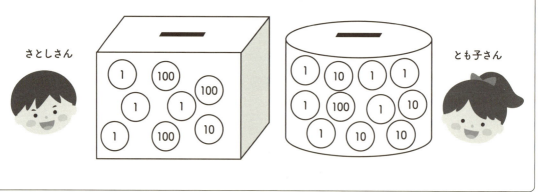

授業のねらい

100より大きい数を、身近なお金に置き換えて考えることで、数の構成を理解させたい。

授業の流れ

・上の問題を提示し、その意味を正しく理解させる。

> さとしさんととも子さんは、どちら多く貯金したでしょう。

・問題の答えについて考えさせる。
　C：とも子さんの方が、枚数がたくさんあるから、多いよ。
　C：100円玉が多いから、さとしさんじゃないかな。

> 図を使って考えてみましょう。

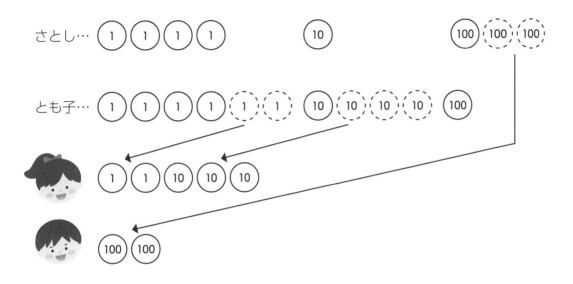

C：とも子さんは、100円玉が1枚、10円玉が4枚、1円玉が6枚で146円。さとしさんは、100円玉が3枚、10円玉が1枚、1円玉が4枚で314円。だから、さとしさんが多いです。

C：ひき算でもできるね。314円－146円は、168円だ！

C：さとしさんが、168円多いね。

> 2人の貯金を同じ金額にできないでしょうか。

C：さとしさんの100円玉1枚をとも子さんにあげたら、200円ずつになった。

C：でも10円玉は5枚だから、半分に分けられないよ。

C：1円玉が10枚で10円だ！

C：とも子さんは、100円玉2枚と10円玉3枚で230円。

C：さとしさんは、100円玉2枚と10円玉2枚と1円玉10枚で230円。

C：同じ金額になったね。

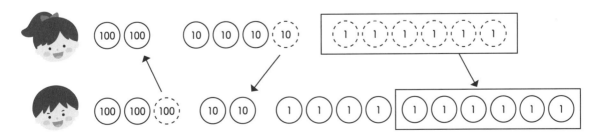

2年 特設

12 ピラミッドたし算を考えよう

問題

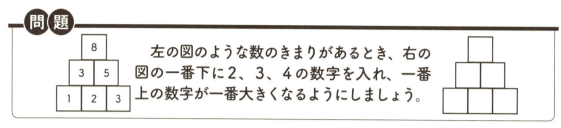

左の図のような数のきまりがあるとき、右の図の一番下に2、3、4の数字を入れ、一番上の数字が一番大きくなるようにしましょう。

授業のねらい

きまりを理解し、ピラミッドにいろいろな順番で数を入れて確かめながら、一番大きい数にするにはどうしたらよいかを考えることのできる子どもを育てたい。

授業の流れ

・ピラミッドの問題を提示する。

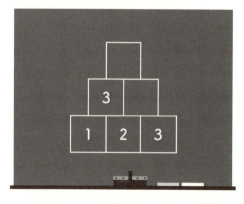

下の段の1の□と2の□の上にある二段目の□の中には、1と2をたした3が入ります。では、そのとなりの空いている□の中には、どういう数字が入るでしょう。

C：5です。どうしてかというと、二段目の空いている□は2の□と3の□の上にあるので、2と3をたして5になるからです。

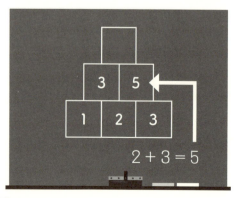

2の□と3の□の上にのっている□の中には、2と3をたした5が入ります。では、一番上の□の中には、どういう数字が入るでしょう。

C：8です。どうしてかというと、一番上の□は3の□と5の□の上にのっているので、3と5をたして8になるからです。

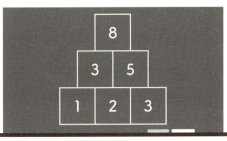

3の□と5の□の上にのっている一番上の□の中には、3と5をたした8が入ります。それでは、一番下の□の中に入る数字の並び方を変えて、やってみましょう。

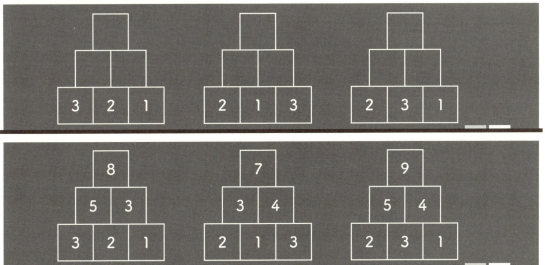

このように、同じ数字でも並び方が変わると、一番上の□に入る数が変わります。それでは、一番下の□に入る数字を2、3、4にして、一番上の□に入る数字が一番大きくなるようにするにはどういう順番で並べたらいいかを考えます。自分でいろいろと並び方を変えながら考えてください。

C：いろいろやってみて、左から2、4、3と並べたときと、3、4、2と並べたときが一番大きくなりました。

C：真ん中に入る数字が一番大きいとき、一番上の□も一番大きくなるから、真ん中に入る数字を4にすればいいと思います。どうしてかというと、真ん中にくる数字は両側の数字とたしていくので、真ん中が一番大きいときが一番大きくなるのだと思います。

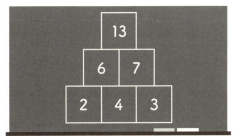

2年 特設

13 ○＋△＋□はいくつ？

問題

○＋○＝20
△＋△＋△＋△＝20
□＋□＋□＋□＋□＝20
このとき、○＋△＋□はいくつでしょう。

授業のねらい

　同じ数をたして20になるような数を見つけるために、いろいろな数を用いて確かめようとする子どもを育てたい。

授業の流れ

・上の問題を提示し、○、△、□には、それぞれ同じ数字が入ること、○と△と□には違う数字が入ることを説明する。
・自由に考えさせたあと、一つ一つの式について順に確認していく。

○＋○＝２０

同じ数２つで20です。いろいろな数をあてはめて見つけましょう。

C：8くらいかな？　　8＋8＝16だから、もっと大きい数だ。

C：9くらいかな？　　9＋9＝18だから、もっと大きい数だ。

C：10です。10＋10＝20になるからです。

$$\triangle + \triangle + \triangle + \triangle = 2\,0$$

同じ数4つで20です。いろいろな数をあてはめて見つけましょう。

C：3くらいかな？　3＋3＋3＋3＝12だから、もっと大きい数だ。

C：4くらいかな？　4＋4＋4＋4＝16だから、もっと大きい数だ。

C：5です。5＋5＋5＋5＝20になるからです。

$$\square + \square + \square + \square + \square = 2\,0$$

同じ数5つで20です。いろいろな数をあてはめて見つけましょう。

C：5くらいかな？　5＋5＋5＋5＝25だから、もっと小さい数だ。

C：4です。4＋4＋4＋4＋4＝20だからです。

C：4です。5はさっき4つたして20だったから、5つたすと20よりも大きくなってしまうからです。

$$\bigcirc = 1\,0 \quad \triangle = 5 \quad \square = 4$$

○は10、△は5、□は4ということが分かりました。
それでは、○＋△＋□はいくつになるでしょう。

C：10＋5＋4＝19だから、○＋△＋□は19です。

$$\begin{array}{ccc} \bigcirc & + \triangle & + \square \\ \vdots & \vdots & \vdots \\ 1\,0 & +\ 5 & +\ 4 = 1\,9 \end{array}$$

2年 たし算のひっ算、ひき算のひっ算

14 ちょうど530円にするには？

問題

こずえさんは、レストランでお昼ごはんを食べました。メニューの中から、2つたのみました。全部で530円になりました。こずえさんは、何をたのんだのでしょう。

カレー　210円

ハンバーグ　510円

オムライス　380円

パフェ　370円

ラーメン　400円

コロッケ　320円

アイスクリーム　150円

☐ + ☐ = 530（円）

授業のねらい

身近な題材をもとにたし算とひき算の関係を理解させ、それを用いて考えさせたい。

授業の流れ

・上の問題を提示し、その意味を正しく理解させる。

> こずえさんは、どのメニューを頼んだのでしょう。

C：ハンバーグは高いから、ほかのものが頼めないよ。
C：パフェとラーメンだと530円をこえちゃうね。
C：順番にたしていったらいいんじゃないかな。
C：カレーにたしていこう。

C：カレーとオムライスだと210＋380＝590だから、530円をこえちゃうね。

C：カレーとアイスクリームだと210＋150＝360だから、530円より少ないね。

C：カレーとコロッケだと210＋320＝530。だから、□に入るのは、カレーの210円とコロッケの320円だね。

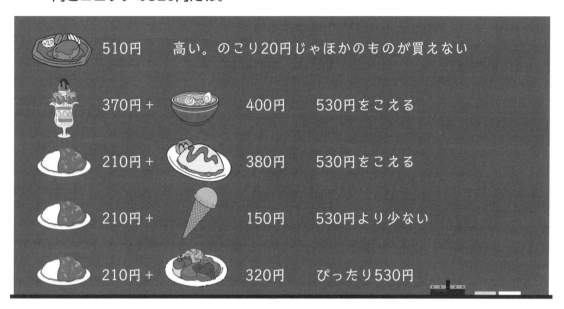

ほかの考え方をした人はいますか。

C：ひき算で考えました。530円からカレーライスの210円をひくと320円あまるので、320円のコロッケを頼むといいと思いました。

C：なるほど、530円からハンバーグの510円をひいたら20円。20円のものは、ないものね。

C：530円からアイスクリームの150円をひくと380円。380円のものもないね。

・各自で問題を作り、それを解き合う。

みんなも問題を作って、解き合おう。

C：私は、□＋□＝830（円）という問題を作りました。

C：ぼくは、□＋□＝520（円）という問題を作りました。

C：もっと頼む数を増やして作ったよ。

C：ぼくは、□＋□＋□＝930（円）という問題を作りました。

2年 たし算とひき算

15 100になる式をつくろう ①

問題

次のしきの ▭ と◆◆には、どんな数字が入るでしょう。

▭ ＋◆◆＝100

授業のねらい

2桁のたし算やひき算を活用して、答えが100になるたし算の式を見つけるとともに、たす数の特徴に着目することで、たされる数の規則性に気付く力を身につけさせたい。

授業の流れ

・上の問題を提示し、その意味を正しく理解させる。

```
▭ ＋◆◆＝100
 れい    11
```

▭ と◆◆には、どんな数字が入るでしょう。
ただし、◆◆は2桁で、同じ数字が入ります。
たとえば、「◆◆→11」です。

同じ数字が並ぶ2桁の数字は、ほかに何がありますか。

C：99。
C：22もそうだ！
C：33も。
C：まだほかにもあるよ！

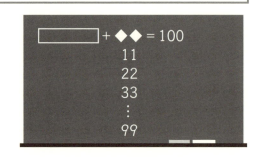

66

・問題の答えについて考えさせる。

> では、今度は□□に入る数字を考えていきましょう。

　C：11には99。

　C：じゃあ、33には77！

・実際に計算をして、予想があっているかどうか確かめさせる。

> ひとつひとつ調べていきましょう。

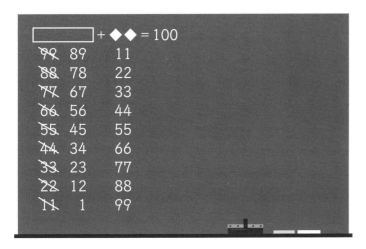

・答えを見て、気付いたことを話し合わせる。

> 何か気付いたことはありますか。

　C：□□に入る数は、十の位と一の位が同じ数字ではない。

　C：十の位の方が数字が1だけ小さい。

・答えが100になる場合は一の位がくり上がるため、十の位は一の位より1つ小さい数字になることに気付かせる。

> 同じようにして、答えが1000になる計算を考えてみましょう。
>

67

2年 たし算とひき算

16 100になる式をつくろう ②

問題

次のしきの2つの ☐ には、それぞれどんな数字が入るでしょう。

$$\boxed{} + \boxed{} = 100$$

授業のねらい

2桁のたし算やひき算を活用して、答えが100になるたし算の式を見つけるとともに、たす数、たされる数の規則性に気付く力を身につけさせたい。

授業の流れ

・1から99までの任意の数ひとつをノートに書かせる。

1から99までの中から、好きな数字をひとつノートに書きましょう。

C：99でもいいんですか？

C：7とかでもいいのかな？

C：2桁の数字でもいいんですか？

では、その数字に何かをたして100にしてみましょう。

$$\boxed{} + \boxed{} = 100$$

れい　13　＋　87

> 2つの □ には、それぞれどんな数字が入りましたか。

C：99と1。

C：27と73。

C：55と46。

・筆算などで確かめをする。間違っていた場合は正しく直す。

> ひとつの式ができた人は、ほかの式も考えてみましょう。

```
      □ + □ = 100
れい  13 + 87
      99 +  1
      27 + 73
      55 + 4̶6̶  45
      49 + 51
      95 +  5
```

> たくさんでてきたね。
> さて、ここで並んだ数字を見たとき、何か気付くことはありませんか。

C：一の位が5のときは、もうひとつの数も一の位が5になる。

C：2つの数の十の位をたすと、どれも9になる。

C：じゃあ、一の位はどうかな？

・答えが100になる場合は一の位がくり上がるため、十の位の数をたすと9に、一の位の数をたすと10になることに気付かせる。

> 同じようにして、答えが1000になる計算を考えてみましょう。
> □ + □ ＝1000

69

2年 かけ算

17 縦横かけて何が入る？

問題

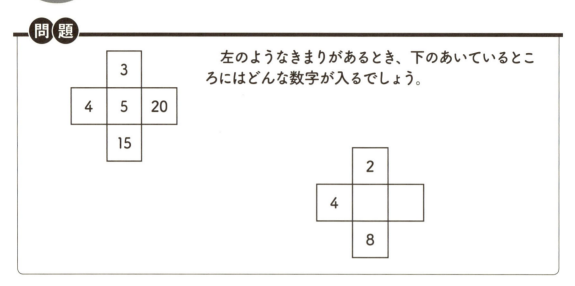

左のようなきまりがあるとき、下のあいているところにはどんな数字が入るでしょう。

授業のねらい

数字の並びのきまりを推理し、そのきまりにしたがってどんな数字が入るかを考えていくことができる子どもを育てたい。

授業の流れ

・もとになる縦横の数字の並びを提示する。

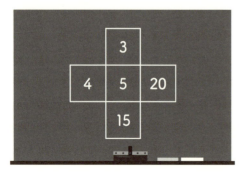

縦と横の並んでいる数字から、どんなきまりがあるか考えてみましょう。

C：縦の3と5と15というのは、3×5＝15になっていると思います。
C：横の4と5と20というのは、4×5＝20になっていると思います。
C：縦も横もかけ算になっていると思います。

このきまりをもとに、次の空いている□の中にどんな数字が入るか考えましょう。

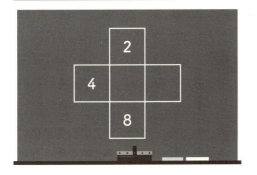

C：2の段で、答えが8になるのは4だから、真ん中の□には4が入ると思います。

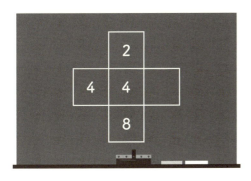

C：4×4＝16なので、残っている□の中に入る数字は16だと思います。

・発展として、次のような問題に取り組ませてもよい。

	6	3	
		21	

	8	32
	8	

71

2年 かけ算

18　0から9までの数字で10をつくろう

問題

　0から9までの数字の中から、すきな数字を4つえらび、たし算、ひき算、かけ算をつかって、答えが10になる計算をつくりましょう。ただし、同じ数字をえらぶことはできません。

授業のねらい

　任意の数を計算して10をつくる活動を通して、たし算、ひき算、かけ算の計算の仕方を確認するとともに、発展的な使い方ができるようにさせたい。

授業の流れ

・0から9までの数字を書いたカードを黒板に貼る。

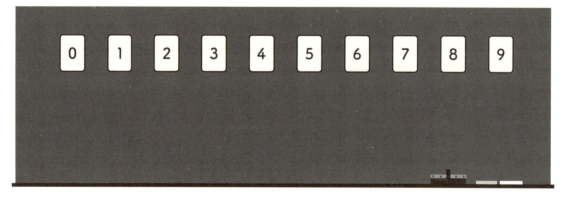

・問題について説明する。

> この中から好きな数字を4つ選びましょう。ただし、同じ数字は、選べません。
> たし算、ひき算、かけ算を使って、答えを10にできるかな。
> 計算する順番は自由でいいです。

・例として「1、2、3、4」の4つで答えが10になる計算を示す。

```
れい    1  2  3  4

       2かける4は8        2 × 4 = 8
       3ひく1は2          3 − 1 = 2
       8と2を たして10    8 + 2 = 10
```

C:「0、1、2、3」はどうかな。
C:「6、7、8、9」はできそう。
C:「2、3、4、5」もできると思う。

・時間を確保し、子どもにいろいろ考えさせる。

> 10ができた人は、発表してみましょう。
> また、ひとつできた人は、違う数字で挑戦してみましょう。

C:「0、1、2、3」では、できないな。
C:「6、7、8、9」ではどうかな？
C: 9ひく7は2。2と8をたして10！
C: それだと6を使っていないよ。
C:「2、3、4、5」でやってみよう。
C: 2と4をかけて8。8から3をひいて5。5と5をたして10。できた！

・たし算、ひき算、かけ算をうまく組み合わせて考えることができるようにする。また、任意の4つの数の中には、答えが10にできないものもあることを理解させる。

答えが10になる計算を、1つの式にあらわしてみましょう。

例 $2 × 4 − 3 + 5 = 10$

19 テープを切ると何本になる？

2年 特設

問題

1本のテープを□回切ると、テープは何本になるでしょう。

授業のねらい

実際に切って確かめる前に、図にかいて考えたり、分かれるテープの本数の増え方に着目して答えを導き出そうとしたりするような、見通しをもって考える子どもを育てたい。

授業の流れ

図のように、丸まっている1本のテープがあります。このテープを点線のところで真っ直ぐに切ると、テープは何本になるでょう。

C：上と下に分かれるから2本。
C：切れ目の数が多いから、5本か6本にはなるよ。
C：切れ目を数えると11箇所あるから11本。

・子どもからいろいろな考えを引き出し、切れ目の数に着目させていくようにする。

> 切れ目が多いと分かりづらいので、まず簡単な場合で考えてみましょう。
> 1本のテープをまっすぐ伸ばして真ん中で切ると、テープは何本になりますか。

C：2本になる。

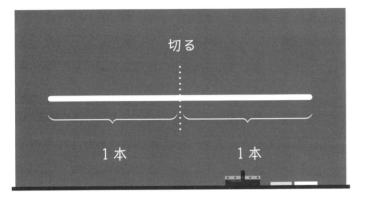

> では、今度はテープを1回折って真ん中で切ると、テープは何本になりますか。

C：先っぽが2本切れて、折り目の方は1本なので、3本になる。

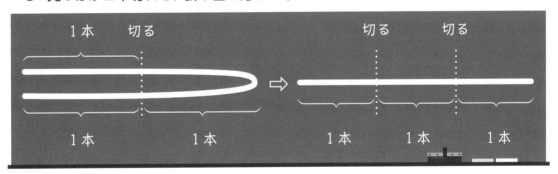

> これは、テープをまっすぐにして考えると、右の図のように2回切ったのと同じことになるので、3本になることが分かります。

・同様にして、切った回数を3回、4回、…と増やしたときのテープの本数を調べ、切った回数とテープの本数の関係に気付かせる。

> このように考えると、最初の問題ではテープは何本になるでしょう。

C：切れ目の数が11箇所あるから、これは1本のテープを11回切ったことと同じなので、テープの本数はそれより1多く、12本になる！

75

20 テープを折って切ると何本になる？

>問題
>
>テープを3回折って真ん中で切ると、何本に分かれるでしょう。

授業のねらい

　実際に切って確かめる前に、図にかいて考えたり、何回切ると何箇所切ったのと同じことになるのかに目をつけて考える子どもを育てたい。

授業の流れ

>1本のテープを1回折って真ん中で切ると、テープは何本に分かれますか。

C：4本だと思います。
C：3本じゃないかな。

>テープを1回折って切ると、切れているとこは2箇所だから、テープは3本になります。

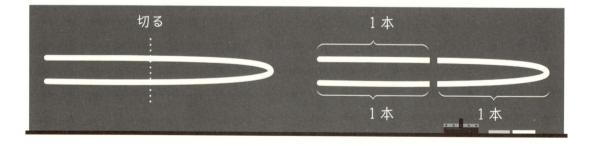

>では、もう1回折って真ん中で切ると、テープは何本に分かれますか。

C：6本です。どうしてかというと、もう一回折って切るので、テープは倍の6本になると考えました。

C：5本です。どうしてかというと、もう1回折ると、切れているところは4箇所になるから、テープの数は切れている箇所より1多い5本になると考えました。

> このように図にかいて考えると、切れているところが4箇所なので、テープの数は5本になります。

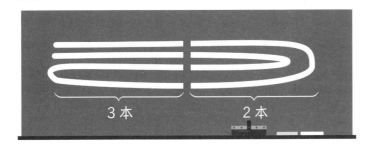

> さらにもう1回折って真ん中で切ると、テープは何本に分かれるか考えてみましょう。

C：9本です。2回折って切ると切れているところが4箇所あったから、もう1回折って切ると、切れているところが倍の8箇所になり、テープの本数は切れている箇所より1多い9本になると考えました。

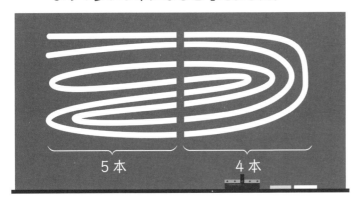

> この問題では、下のような表をつくり、テープの本数の増え方に着目し、テープを3回折ったとき、4回折ったとき…の本数を予想し、確かめていく授業展開もできる。
>
> | 折った回数 | 0 | 1 | 2 | 3 | 4 | … |
> |---|---|---|---|---|---|---|
> | テープの本数 | 2 | 3 | 5 | | | … |
>
> 　　　　　　　　 1　 2　 ?　 ?

3年 たし算とひき算

21 たして30にするには？

> **問題**
> 1　2　3　4　5　6　7　8　9　10　11　12　13　……
> この数のならびの一部分を ◯ でかこみ、その中に入っている数をすべてたすと、答えが30になるようにしましょう。

授業のねらい

数列から和が30になる数の組を見つける活動を通して、効率のよい和の求め方を工夫することができるようにする。

授業の流れ

・「1　2　3　4　5……」の数の並びを黒板に書く。

> この数の並びの一部分を ◯ で囲みます。中に入っている数をすべてたしてみましょう。次のように囲むと、答えはいくらになりますか。

C：3＋4＋5＋6＝18だから、答えは18だ。

> そうですね。では今度は、◯ の中の数をすべてたすと、答えが30になるようにしてみましょう。どのように囲めばよいでしょう。

C：1から順番にたしていけばいいのかな？
C：1から7までたしていくと28。次に8をたすと30をこえてしまうよ。
C：9、10、11で30になる！

```
1  2  3  4  5  6  7  8 ⑨ 10 ⑪ 12 13 ……
```

> 9＋10＋11は本当に30になっていますか。
> それを確かめるには、どんな計算の仕方をすればいいですか。

C：9＋10＝19、19＋11＝30です。
C：9と11で20、20と10で30です。
C：11から9に1わたすと、全部10に
　　なるので、10×3＝30です。

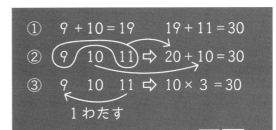

・子どもからいろいろな考えが出ない場合
　には、ヒントをあたえてもよい。

> 9、10、11以外に、たすと30になるような囲み方はないでしょうか。

・上の計算の工夫を手がかりにして、和が30になる数の並びを見つけさせる。
　C：4つの数で考えてみよう。
　C：6、7、8、9をたすと30になる。
　C：5つの数ではどうかな。
　C：4、5、6、7、8でも30だ！

> これらの数をたすと本当に30になるか、確かめてみましょう。

・子どもの計算の仕方を発表させる。

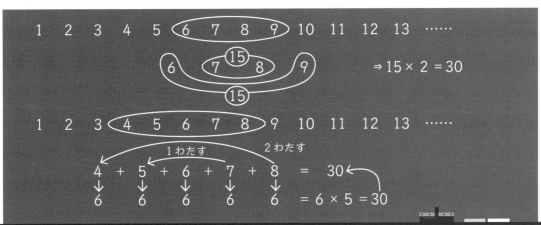

3年 たし算とひき算

㉒ かくれた数字を見つけよう

─ 問 題 ─

$$
\begin{array}{r}
A\ B\ 3 \\
+\ C\ 0\ A \\
\hline
C\ 0\ 3\ B
\end{array}
$$

左の式のA、B、Cには、それぞれどんな数字が入るでしょう。

授業のねらい

　覆面算を解くことで、たし算のきまりや特徴に気付くとともに、3桁のたし算の筆算形式に習熟できるようにする。

授業の流れ

・上の筆算形式の覆面算を示し、「A百　B十　3」＋「C百　A」のたし算であること、同じ文字には同じ数字が入ること、分かっている数字は0と3であることを確認する。

$$
\begin{array}{r}
A\ B\ 3 \\
+\ C\ 0\ A \\
\hline
C\ 0\ 3\ B
\end{array}
$$

Aには、同じ数字
Bには、Aとは別の同じ数字
Cには、AやBとは別の同じ数字

この筆算のAやBやCには、それぞれどんな数字が入るでしょう。

A，B，Cは別の数字です。0や3でもありません。

2つのAには、同じ数字が入ります。

2つのBにも、Aとは別の同じ数字が入ります。

2つのCにも、AやBとは別の同じ数字が入ります。

C：え～っ、分かんないよ。

C：何から考えればいいの？

C：3と0しか分かってないしなあ。

> A、B、Cのうち、すぐに分かる文字があるはずです。どれでしょうか。

C：えっ、どういうこと？

C：あっ！　答えの千の位はくり上がりだから、1しかない。Cは1だ！

> そのとおり。答えの千の位の数字は、2や3にはなりませんね。0だったら、はじめから書かれないですよね。

C：ということは、たす数の百の位の数字も1だ。

C：百の位の計算を考えると、A＋1＝10になる。だから、A＝9だ。

C：待って。十の位からくり上がりがあるかもしれないよ。

C：そうかぁ。

C：そんなことないよ。十の位はB＋0＝3だから、0をたして13になる数なんかないよ。

C：A＝9だ！

C：ということは、一の位の計算は、3＋9＝12だから、B＝2。

C：十の位の計算も、Bが2だったら、2＋0にくり上がった1をたして、3になる。

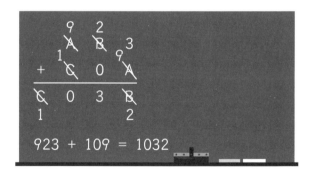

C：わ〜い、できた！

3年 たし算とひき算

23 パーツを組み合わせよう

問題

ここにロケットがあります。
いくらだと思いますか。

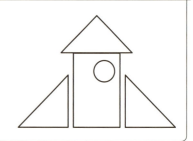

授業のねらい

3つの形だけでロケットなどの具体物を表現し、そこから計算へとつなげる問題である。掲示した問題だけではなく、3つの形を使っていろいろなものを考えることができる。子ども自身が問題を作り、紹介し合う活動につなげていきたい。

授業の流れ

・ロケットの絵を掲示する。

ここにロケットがあります。いくらだと思いますか。

C：分かんないよ。
C：安そう。

実は、パーツごとに値段が決まっています。
〇は1つ30円、△は1つ20円、□は1つ10円です。

〇……30円
△……20円
□……10円

C：○が１つ、□が１つ、△が３つだから…。
C：たし算すれば、分かりやすそう。
C：30＋10＋60＝100だから、このロケットは100円だ。

> では、このパーツを組み合わせて、次のものを作ってみましょう。それぞれのパーツは何個使ってもよいですが、パーツの大きさは変えません。
> （１）60円のいえ　　　　　　（２）100円のかお
> （３）190円のロボット

・それぞれ、どのパーツが何個あれば合計金額がぴったりになるか、見通しをもって問題に取り組ませる。

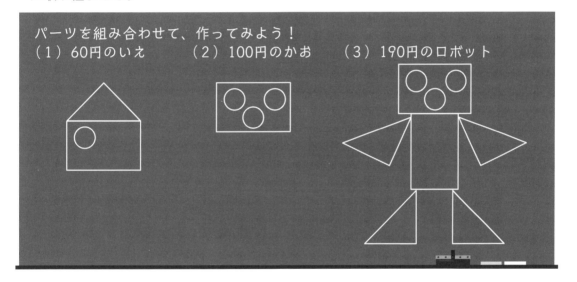

> 今度は、パーツの大きさを変えてもよいことにします。もとの大きさより大きいときは金額が２倍、小さいときは金額が半分になります。（１）〜（３）の中から１つ条件を選んで、作ってみましょう。
> （１）100円以内で　　　　　　　（２）100円以上300円以内で
> （３）300円以上で

・作ったものを友だちどうしで見せ合い、金額を当てる活動につなげる。

> 組み合わせて作ったものを、友だちと交換して、その金額を求めてみましょう。

3年 たし算とひき算

24 ちょうど1000円にできるかな？

問題

　レストランに食事をしに行きました。持っていたお金が1000円だったので、メニューの中からちょうど1000円になるように3品注文しました。何を注文したのでしょうか。注文したものの番号を小さい順に答えましょう。

①	ラーメン	525円	②	カレー	410円
③	かつ丼	685円	④	すし	840円
⑤	フルーツ	350円	⑥	サラダ	210円
⑦	みそ汁	100円	⑧	つけもの	75円
⑨	プリン	215円	⑩	アイスクリーム	200円
⑪	おひたし	260円	⑫	からあげ	150円
⑬	牛丼	465円	⑭	やきそば	240円

授業のねらい

　この学習では、「おおよそどのくらいか」を考え、正しく計算することをねらいとしている。レストランで好きな食べ物を選ぶという身近な場面設定を通して、算数を身近に感じたり、買い物をするときに応用したりと、生活にも結び付くと考えられる。

授業の流れ

今日は、みんなで夕ご飯を食べにレストランに行きます。好きなものを好きなだけ…と言いたいところなのですが、1人1000円までしか使えません。組み合わせは自分しだいです。それでは問題です。

・上の問題を提示する（食べ物の絵も黒板に貼る）。

> それではメニューから選んでみましょう。どのようにして選んだらいいでしょう。

・最初は自由に考えさせ、試行錯誤する中で効率的な求め方に目を向けさせる。

　　C：小さいものから選んだ方がいいかな？

　　C：いや、大きいものからの方がいいかな？

　　C：えー、分からない。

> 端から順番にやるのがよいやり方なのかな。何が分かったら求めやすいかな。

　　C：おおよその数が分かったら求めやすいかもしれない。

　　C：分かった！　①と⑨と⑪だ。

　　C：本当だ。525＋215＋260＝1000でぴったり1000円になった。

　　C：ほかにも組み合わせてみたいな。

・条件を付け加えた場合について考えさせる。

> 先生はよくばりなのでもう1品食べたいな。デザートもいいですね。

　　C：えー。ってことは４つ選んでもいいのか。

　　C：そんなに何通りも組み合わせができるのかな？

> 実は組み合わせは１つだけではありません。豪華な組み合わせができるかな。

　　C：デザートも入れるんだよね。分かった。

　　C：⑧＋⑩＋⑪＋⑬で1000円になる！

・子どもの気付きを評価し、他の組み合わせについても考えさせる。

　　（1000円になる組み合わせは、②＋⑤＋⑭、③＋⑦＋⑨、⑤＋⑪＋⑫＋⑭などがある。）

3年 たし算とひき算

25 同じ長さの3組に分けてみよう

問題

　1cm、2cm、3cm、4cm、5cm、6cm、7cm、8cm、9cmの9本の竹ひごがあります。3本ずつつないで、同じ長さの3本の竹ひごにするには、どのような組み合わせにしたらいいでしょう。

授業のねらい

　問題を試行錯誤しながら解決する中で、計算を素早く行うことだけでなく、答えが1通りではないことにも気付かせるようにする。その活動を通して、たし算に習熟させるとともに、着眼点を変えることで、よりよい方法が見つかる体験をさせる。

授業の流れ

・上の問題を提示する（黒板には図も示す）。

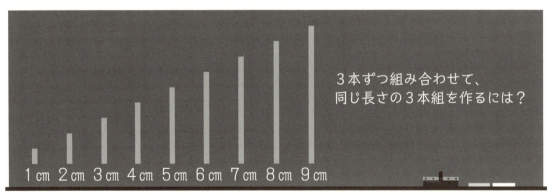

C：一番短い1cmと、一番長い9cm、それから真ん中の5cmとか、どうかな？
C：1＋9＋5＝15cmでいいの？
C：残りは、2cm、3cm、4cm、6cm、7cm、8cmでしょ。
C：2＋6＋7＝15cm、3＋4＋8＝15cm。やった！

見つけましたね。さすがぁ。でも、それだけかな。

C：えっ、まだあるの？

C：3㎝＋5㎝＋7㎝でも、15㎝になるよ。

C：そうすると、残りは1㎝、2㎝、4㎝、6㎝、8㎝、9㎝になるね。

C：15㎝にするには…、2㎝＋4㎝＋9㎝で15㎝、1㎝＋6㎝＋8㎝でも15㎝。できちゃった。

C：まだ、ほかにもあるのかな。

ご名答、すごいですね。

でも、今は、運よく見つかったけれど、もっと早く見つける方法はないかな。

C：さっきは、一番大きい数と一番小さい数、そして、真ん中の数をたしてみたんだけど、もっと早く見つける方法？

C：1㎝から9㎝まで、全部たすと45㎝になるよ。そうか、45÷3は…、45を30と15に分けて、30÷3＝10、15÷3＝5、10＋5＝15だ。

C：何だ、最初から1組15㎝って分かっていれば、探しやすかったね。

C：なるほど！

$$1 + 2 + 3 + 4 + 5 + 6 + 7 + 8 + 9 = 4 5$$

$$4 5 \div 3 = 1 5$$

$$3 0 \div 3 = 1 0$$

$$1 5 \div 3 = 5$$

コラム　魔方陣

6	1	8
7	5	3
2	9	4

　左の図は3×3の魔方陣で、縦、横、斜めの3つの数の和はすべて15になっている。

　長さの問題で考えると、縦の3組の組み合わせと、横の3組の組み合わせがそれぞれ答えになる。

3年 重さ、たし算とひき算

26 3つのおもりで 1g〜7gをつくろう

問題

　1g、2g、4gのおもりがあります。この3つのおもりだけで、1g〜7gの重さを全部つくってみましょう。

授業のねらい

　数を組み合わせて、和がいろいろな数になる計算を探すことで、たし算の計算に習熟できるようにする。

授業の流れ

・上記の条件を示して、試行錯誤しながら正解を見つけていく。

> 　1g、2g、4gのおもりがあります。
> 　この3つのおもりだけで、1g〜7gの重さを、全部つくってみよう。

さて、できるかな？

まず、簡単なのは1g。これは1gのおもり1個でいいよね。

C：2gも、2gのおもり1個でできる。

C：3gは、1g＋2gでできるよ。

C：4gも簡単。4g1個でOK。

C：5gは、1g＋4g＝5g。

C：6gは…、2g＋4g。

C：7gは、1g＋2g＋4gだ！

> 1g
> 2g
> 3g＝1g＋2g
> 4g
> 5g＝1g＋4g
> 6g＝2g＋4g
> 7g＝1g＋2g＋4g

さすが、よくできました。では、もう1つおもりを増やして、1g～15gをつくってみましょう。何gのおもりを増やせばいいかな。

C：え～っ、15g？

C：今、合計が7gだから…。15gにするには、8gだと思うよ。

C：8gで、15gまで全部できるかな…。

C：7gまではできているから、8g～15gができるか、やってみればいいよ。

では、実際にためしてみましょう。

C：8gは8gのおもり1個でいいよね。

C：9gは、1g＋8gでだいじょうぶ。

C：10gは、2g＋8gでできるよ。

C：11gは、2g＋8gの10gに1gをたせばできるよ。

C：12gは、4g＋8gでできる。

C：13gは、4g＋8gに1gをたせば、ばっちりできるよ。

C：でも、14gは？

C：2g＋4g＋8gでできるよ。

C：15gは、それに1gをたせばいいね。

```
  8 g
  9 g ＝ 1 g ＋ 8 g
10 g ＝ 2 g ＋ 8 g
11 g ＝ 1 g ＋ 2 g ＋ 8 g
12 g ＝ 4 g ＋ 8 g
13 g ＝ 1 g ＋ 4 g ＋ 8 g
14 g ＝ 2 g ＋ 4 g ＋ 8 g
15 g ＝ 1 g ＋ 2 g ＋ 4 g ＋ 8 g
```

よくできました。ところで、やっていて、何か気付いたことはありませんか。

C：あっ、今やったところ、全部8gがある！

C：あっ、8gに1g～7gでつくったものをたしていけばいいんだよ。

C：おもりは、1g、2g、4g、8gか。

C：あっ、2倍、2倍だ！

C：すると、次は8g×2で、16gのおもりがあればいいのかも…。

C：16gがあれば、31gまでつくれるかも！

C：じゃぁ、その次は32gのおもりになりそうだね。

3年 特設

27 15個のおかしの分け方は？

問題

15このおかしを、5人で分けました。5人全員もらった数がちがいます。どのように分けたのでしょう。

授業のねらい

わり算の学習では、「等しく分ける」ことを前提に学習してきた。しかし、今回は、「5人全員もらった数が違う」ため、「答えを出す」ことではなく、「分け方」を意識して学習することをねらいとしている。この学習を通して、「分け方は、等しく分けるだけでなく様々な分け方ができる」ことを体感してほしい。

授業の流れ

・上の問題を掲示しする。

〔問題〕
15このおかしを、5人で分けました。5人全員もらった数がちがいます。どのように分けたのでしょう。

・答えを求めるための手立てについて考えさせる。

C：同じ数ずつなら3個ずつになるんだけど…。

C：図をかいて考えてみようかな。

C：お皿の絵をかいて、違う数ずつ分けてみようかな…。

ボーリングのピンのように、おかしを並べてみよう。

・黒板に図を掲示する。

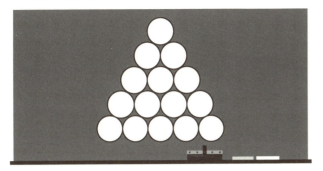

C：1＋2＋3＋4＋5＝15になります。

C：上の段から数えていけば答えが分かる。

C：5人で1個、2個、3個、4個、5個に分ければいい。

・類似問題を掲示する。

〔問題〕
30個のたこやきを5人で分けました。
5人全員もらった数がちがいます。
どのように分けたのでしょう。

30個になった場合、どのような分け方になるでしょうか。

C：15個から2倍増えたから、さっきの答えを全部2倍したら求められる。

C：ほかにも分け方を見つけたい。

〈30このたこやきを5人で分けた場合〉
○2こ、4こ、6こ、8こ、10こ
○4こ、5こ、6こ、7こ、8こ

（※30個の場合は、このほかにもいろいろな分け方が考えられる。）

91

3年 三角形

28 この形は何角形？

問題

この形は、何角形でしょう。
理由もいっしょに発表しましょう。

授業のねらい

　小学校では扱わない凹型図形について考えることにより、図形に対する見方を広げるとともに、既習の基本的な凸型図形から類推して考えるという体験をさせたい。

授業の流れ

・上記の問題を解決する中で、自分なりの考えや、その考えの基になった理由を発表させる。自分と異なる着眼点や考え方を聞いたり比べたりしながら、よりよい考えを導き出そうとする活動を展開する。

この形は、何角形と言ったらよいと思いますか。
そのように考えた理由もいっしょに発表しましょう。

C：え〜っ、何これ？
C：星形かな？　何となく似てるから。
C：星形じゃないよ。星形はとがっているところが5つあるもの。
C：じゃあ、V字型。アルファベットのVみたいな形だから。

Ｃ：あっ、それいい。
Ｃ：三角形だと思う。
Ｃ：四角形かな？

「Ｖ字型」さすがですね。でも、先生は「何角形」かを尋ねているんだよ。

Ｃ：あっ、そうか。
Ｃ：ほら、やっぱり三角形だよ。とんがっているところが３つなんだから。
Ｃ：えー？ でも、引っ込んでいるところは、数えないの？
Ｃ：へこんでいるところは角じゃないと思う…。

２年生のときに、三角形の学習をしましたね。そのとき、「三角形」というのは、どういう形と習いましたか。
ここに、２年生の教科書があるけど、見てみますか。

Ｃ：三角形は、「３本の直線でかこまれた形」って、書いてあるよ。
Ｃ：じゃぁ、この図形は辺が４本あるから、三角形じゃなくて四角形じゃないの？

そのとおり。４本の直線で囲まれた図形なので、これは「四角形」のなかまです。辺が４本ありますからね。
では、このような「へこんだ図形」をかいてみましょう。四角形のほかに何角形をかいてもいいですよ。

Ｃ：じゃあ、四角形！
Ｃ：私は、五角形！
Ｃ：ぼくは、三角形！
Ｃ：それじゃあ、六角形！

がんばって！ でも、かけないのは何角形かな。

29 5つの学級で花だんを分けよう

3年 特設

問題

右のような正方形の形をした花だんがあります。中には、正方形の池があります。この花だんを同じ形になるように、5つの学級で分けることになりました。さて、どのように分ければよいでしょう。

授業のねらい

　この学習では、正方形の花だんや板チョコを同じ形に分ける活動を通して、図形に関する感性を養うことをねらいとしている。「四角で分けなければならないのか」「いろいろな形で分けてみたい」など、図形に対する見方や考え方を自由に広げ、深めさせたい。

授業の流れ

・導入として、チョコレートを等分割する問題を掲示する。

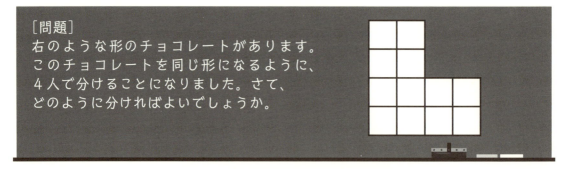

C：3つになら分けられそうだけど。
C：でも、4人で分けるんだよ。
C：えー。どうしたらいいのかな。

もとのチョコレートの形がヒントになります。

C：Lの形かな。
C：あ、分かった！
　　Lの形を組み合わせればいいんだ。

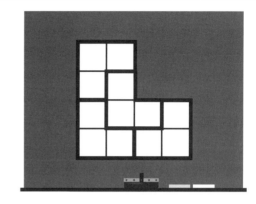

・次に花だんの問題を提示する。

チョコレートは4人で同じ形に分けることができました。
では、今度はこの花だんを5つの学級で分けることを考えてみましょう。同じ形に分けることができるでしょうか。

C：15マスあるから、3マスずつにすればいいのは分かる。
C：15÷5で求められるね。
C：でも、同じ形に分けられるのかな？

実際に線を引いて分けてみましょう。

C：形は何でもいいのかな？
C：いろいろな形で試してみよう。

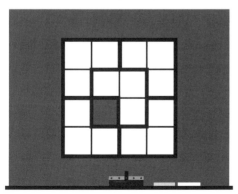

C：上のように分けると、同じ形になるように5つの学級で分けられるよ。

3年 特設

30 正方形はいくつある？

> **問題**
>
> 次の図のように、正方形の板をならべていきます。7だん目までをふやしていくと、正方形の数は全部で何まいになるでしょうか。
>
>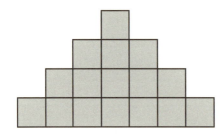

授業のねらい

　変化する２つの数量を表や式に表すことを通して、数量関係や規則性を見いだす能力を伸ばすことをねらいとしている。４段目までは、正方形の枚数を数えれば分かるが、５段目からは、計算したりかき足したりしていかないと枚数を求めることができない。どのようにすれば枚数を求めることができるか、話し合いをしながら考えていく。

授業の流れ

・上の問題を掲示し、手立てを考える。

> この図で、正方形は全部で何枚ありますか。

C：全部で16枚。

> 1段目には正方形が1枚ですが、2段目、3段目、4段目には、それぞれ正方形が何枚ありますか。

C：2段目は3枚。
C：3段目は5枚。
C：4段目は7枚。
C：2枚ずつ増えている。

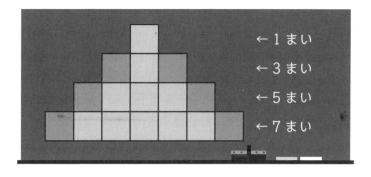

段の数が増えると全部の正方形の枚数がどうなるかを、分かりやすいように表にまとめてみましょう。

だんの数	1	2	3	4
正方形のまい数	1	4	9	16

表を見て、何か気付いたことはありますか。

C：2段のときは2×2、3段のときは3×3、4段のときは4×4。
　　段の数を2回かけると、全部の正方形の枚数が分かる。

では、7段のときの全部の正方形の枚数を考えてみましょう。

C：表を書き足して考えました。7段のとき49枚です。
C：計算で求めました。5段では5×5＝25。6段では6×6＝36。
　　7段では7×7＝49。答えは49枚です。

だんの数	1	2	3	4	5	6	7
正方形のまい数	1	4	9	16	25	36	49

5だん ⇒ 5×5＝25　　6だん ⇒ 6×6＝36　　7だん ⇒ 7×7＝49

答え　49まい

・49枚で合っているかどうか、実際に正方形を並べて、枚数を確かめる。

4年 特設

㉛ 2桁の数を入れ替えると？

問題

ある2けたの数の十の位と一の位の数を入れかえて、もとの数とひき算をすると、差が27になります。ある2けたの数はいくつでしょう。

$$\boxed{\bigcirc}\boxed{\times} - \boxed{\times}\boxed{\bigcirc} = 27$$

授業のねらい

2桁の数のそれぞれの位の数を入れ替えたときの差を求めながら、数のきまりを見つけていく。はじめのうち、児童は答えが27になる数を探していく。しかし、条件に合う数を見つけていくうちに、きまりがあることに気付いていく。問題の意味に気付いた子どもたちが「きまりを見つけたい」と能動的になり、数の不思議や算数の面白さを味わうことができるようにしたい。

授業の流れ

・適当な2位数を各自に決めさせる。

> 自分の決めた2桁の数をノートに書きましょう。先生が思い浮かべた数と同じだったら、当たりです。

・2桁の数とは10〜99までの数であること、11や44などのゾロ目の数は当たりではないことを確認する。

> 当たりの数は「27」です。ただし、みんなの決めた数にある計算をして、「27」になったときが当たりです。

・十の位と一の位の数を入れ替えて、もとの数との差を求める計算の仕方を確認する。

C：27って書いたけど当たりじゃないのかな。
C：計算したら45になったということは、27は当たりではないね。
C：当たりの数はいくつなんだろう？
C：63だとできたよ。
C：ほかにもないかな。

自分の決めた数　27
27→72　　　①入れかえる
72−27=45　②ひく
計算して「27」にならないから、27という数は×

・条件に合う2桁の数を探していく。見つけた子には短冊に計算を書かせ、黒板に貼っていく。また、外れた数の計算も消さずに残しておくように指示する。

黒板を見て、何か面白いことは見えてこないかな。

C：3が見えてくる。
C：どこに3が見えるの。
C：引き算をするんだよ。
C：短冊を並べ替えると分かりやすいね。
C：もう少しありそうだね。

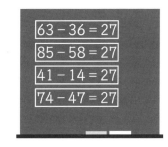

63−36=27
85−58=27
41−14=27
74−47=27

・子どもたちが気付かない場合、適宜以下の3つの発問のどれかをするとよい。
① ここに並んでいる数を見て、同じことが見えないかな。
② みんな違った数だけど、どの数にも3という数字は見えてこないかな。
③ 十の位と一の位でひき算をしてごらん。面白いことに気付くよ。

当たりの数を見つけられたかな。では、外れた数も見てみよう。

C：計算の答えは、どれも9の段の数になっている。
C：3×9だから27になるんだな。
C：十の位と一の位の数の差に9をかけると、計算の答えになるね。

・2つの数の差を求めるという単純な計算から、きまりが見つかっていく過程を通して、子どもたちに数の不思議や算数の面白さを味わわせたい。

99

4年 1けたでわるわり算

32 からあげを3人で分けることができる？

問題

□□このからあげを、3人で同じ数ずつあまらないように分けることができるでしょうか。そのわけも説明しましょう。

授業のねらい

4枚のカードを並べ替えて2桁の数をつくり、3でわりきれるかどうかを考えていく。乗法九九1回の適用をこえた場合の除法の計算について、今までに学習してきた除法をもとに式や図に表して自分の考えを説明するとともに、数の不思議についても感じさせることができるようにしたい。

授業の流れ

・1、2、4、5の数字を書いた4枚のカードを黒板に貼る。

> 4枚のカードから2枚選んで、2桁の数をつくります。
> そのときできる一番小さい数と一番大きい数は何でしょう。

C：一番小さい数は、12です。
C：私は、11だと思います。
T：よく考えたね。でも、同じ数のカードは2回使わないことにしましょう。
C：一番大きい数は54です。

・4枚のカードを使ってできる2桁の数のうち、3でわりきることのできる数について考えさせる。

> □□このからあげを、3人で同じ数ずつあまらないように分けます。

□□の中に入る数を考えましょう。

C：余らないように分けるということは、3でわりきれる数のことだね。

C：式に表すと、□□÷3だね。

・児童のつくった式を発表させ、黒板にまとめる。

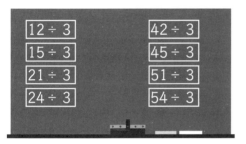

みんなが考えてくれた数に、共通していることはないかな。

C：12と21は、十の位と一の位が入れ替わっているよ。

C：24と42もそうだね。

C：でも42は3の段の九九にないから、わりきれるかどうか分かりません。

・九九一回適用の除数をこえる数の計算について考えさせる。

42÷3は、わりきれるのか、わりきれないのか説明しましょう。1人分の数はいくつになるのかな。

C：27、30、33、……、42のように3とびで数を増やしていったら、42があったからわりきれると思います。

C：3人に1こずつ分けていったら、ちょうどぴったり14こずつに分けることができました。

C：42を30と12に分けてわり算をし、その答えをたしました。

42を3の段の九九の答えの数に分けて考えると分かりやすいね。同じようにして、51÷3について調べてみましょう。

4年 1けたでわるわり算

㉝ 連続する３つの数を見つけよう

問題

連続する３つの数をたすと、123になりました。
この３つの数はいくつでしょう。

$$\square + \square + \square = 123$$

授業のねらい

　この問題を解くために、地道に数を当てはめるのではなく、どうにか簡単に解けないだろうかと悩ませる。「□は連続する３つの数」がキーポイントであり、123を３等分することで□に入る数の予想が立つ。このことから、「たし算なのにわり算を使って答えが出せる」という思いをいだかせ、わり算の活用方法の幅をもたせたい。

授業の流れ

・導入として、□に入る数を求める問題を解く。

```
①   1 + 2 + 3 = □
         □ = 6

②   4 + 5 + □ = 15
       9 + □ = 15
           □ = 15 - 9
           □ = 6

③   □には①②の式のように
  連続する数が入ります。
  ②の問題をヒントにする！
  □ + □ + □ = 12
  3 + 4 + 5 = 12
```

□に入る数を求めましょう。

①について
　Ｃ：たし算だから簡単だ。
②について
　Ｃ：４＋５を計算して、15からひけばいい。
　Ｃ：ひき算を使えばよかった。
③について
　Ｃ：②は、連続する数を３つたしたら合計が15だったから、合計が12ということは、それより小さい数だと予想できる。
　Ｃ：３からの連続する数だと12になった。

・問題を提示し、答えを考えさせる。

> 連続する3つの数をたすと、123になりました。
> この3つの数はいくつでしょう。
> $$□+□+□=123$$

> では、□+□+□＝123の□に当てはまる数を考えましょう。

C：数が大きい！
C：1つ1つ数字を入れて確かめていたら時間がかかって大変だ。

> □の数を求める前に、予想を立ててみましょう。

C：連続する3つの数ということは、□に入る数は1ずつ大きくなっていく。
C：だいたい3つとも同じ数ずつ分ける。
C：分けるということはわり算で、123÷3を計算すればいい。

| □−1、□、□＋1
 (□-1)＋□＋(□＋1)＝123
 □×3＝123
 □＝41 | 123は120と3に分けられる。
 120÷3＝40
 3÷3＝1
 40＋1＝41 |

筆算で解く。
123÷3＝41

※学習の進度によって、わり算の計算方法は様々考えられる。

> 真ん中の□が41で、3つの数は連続する数で1ずつちがうので、
> 答えは40＋41＋42＝123　　□は40、41、42となる。

・本時の学習を振り返らせる。

4年 小数

㉞ 小数点を正しくつけよう

問題

次の式は、答えの1072.05以外は小数点が落ちています。小数点を正しくつけましょう。ただし、すべての数に小数点がつくとは限りません。

$$1234 + 567 + 89101 + 112 = 1072.05$$

授業のねらい

　小数のたし算の式に小数点をつける問題を通して、加える数が多くても筆算で計算するとやりやすくなることや、小数点をそろえて計算することに気付くことができるようにしたい。

授業の流れ

・上の問題を提示し、内容を説明する。

> 例) 1234→12.34、　567→56.7　の場合
> 12.34 + 56.7 + 89101 + 112 = 89282.04 　✕

> 例えば、1234を12.34に、567を56.7にした場合、式は、
> 　12.34 + 56.7 + 89101 + 112 = 89282.04
> となり、答えが1072.05にはなりません。
> どこに小数点をつけると式が成り立つでしょう。

・問題の答えについて考えさせる

　　C：まず、すべてをたしてみると、答えは91014になる。

　　C：整数と小数で考えたいので、筆算にして考えてみよう。

C：小数第一位と第二位が「05」なので、そうなる数を探してみよう。

C：式の数の一番右の位をみると、4と1で5になるので、1234と89101は小数点が必要になる。

C：答えの小数第一位が「0」になる組み合わせを考えると、1234の「3」と89101の「0」から、残り7が必要になるので、567の「7」が小数第一位になる。

```
   12.34
   56.7
  891.01
+ 112.
─────────
 1072.05
```

・実際に考えてみて、気付いたことや分かったことをまとめる。

何か気付いたことや分かったことはありますか。

C：小数点の位置によって、数の大きさが変わる。

C：たし算は一の位からたしていくこと、小数のたし算は位をそろえて計算することから、筆算で考えると分かりやすかった。

C：112は「112.」のように考えると、整数にも小数点がある。でも、ふつうは小数点を書かない。

4年 式と計算

35 ４つの３を使った式をつくろう

問題

４つの３と＋、－、×、÷を使って、０から９をつくることができます。いくつつくれるかちょう戦してみましょう。

授業のねらい

４つの３を使って、答えが０から９になる式を考える。子どもたちが考えた式をもとに、加減乗除の計算の順序のきまりの学習につなげるようにしていきたい。

授業の流れ

・上の問題について説明し、答えが０から９になる式を考えさせる。

・子どもたちが考えた式を短冊に書かせ、黒板に貼る。

$$3 \times 3 + 3 - 3 = 9 \qquad 3 + 3 - 3 \div 3 = 5$$
$$3 + 3 - 3 - 3 = 0 \qquad 3 \div 3 + 3 - 3 = 1$$
$$3 \times 3 - 3 - 3 = 3 \qquad 3 + 3 + 3 - 3 = 6$$
$$3 \times 3 + 3 \div 3 = 4 \qquad \underline{3 \times 3 - 3 \div 3 = 8}$$

・答えがはっきりしないものが出てくるので、みんなで考えてみる。

（児童は、かっこや加減乗除の計算の順序を未習なので、黒板に貼られた式を見ながら、あれこれと議論が始まる。）

C：$3 \times 3 - 3 \div 3$の答えは２になるんじゃないの？

C：左から順に計算すると、$3 \times 3 = 9$、$9 - 3 = 6$、$6 \div 3 = 2$だよ。

C：$3 \times 3 = 9$、$3 \div 3 = 1$、$9 - 1 = 8$だよ。

C：どっちなんだろう？

これから計算のきまりについて勉強します。

一つ目のきまりに、「（　　）の中を初めに計算する」というものがあります。

3＋3÷3＋3を（　　）を使って答えを1にしてみましょう。

C：（3＋3）÷（3＋3）＝1

C：（　　）を2つ使うとできるね。

次は答えを5にしてみましょう。

C：（3＋3）÷3＋3＝5

実は、（　　）を使わなかったときの、「3＋3÷3＋3」の正しい答えは7になります。どういう順番で計算すると答えが7になるかな。

C：3÷3＝1、3＋1＝4、4＋3＝7

C：わり算を先に計算すると、答えが7になる。

二つ目の計算のきまりに、「×と÷の方を、＋と−より先に計算する」というものがあります。

このことから、「3×3−3÷3」の答えは、2と8どちらが正しいといえますか。

C：かけ算とわり算を、先にやらなければいけないんだね。

C：3×3−3÷3＝9−1＝8です。

・計算のきまり（順序）を考えて、見通しをもって式をつくらせる。

最初に考えた式が正しいかどうか調べてみましょう。

C：3×3＋3÷3は4ではなく、10になる。

C：答えが4になるようにするためには、どうすればいいのかな？

4年 面積

36 いちばん広い花だんをつくるには？

問題

24このブロックで周りを囲み、長方形や正方形の花だんをつくります。ただし、1辺は、へいになっているため、3辺を囲うことにします。いちばん広い花だんをつくるには、どのように囲むとよいでしょう。

授業のねらい

　24個のブロックで囲んでできる花壇の広さを考えていく。ブロックの数が同じでも縦と横のブロックの数を変えると、いろいろな広さの花壇がつくれることに気付かせたい。また、より多くのパターンを考える中で、面積の変化に注目できるようにしたい。

授業の流れ

・既習事項を生かして、面積の表し方について考えさせる。

ここに、ブロックとへいで周りを囲んでつくった花だんがあります。広さはどれくらいでしょう。

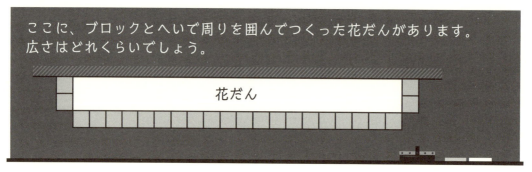

C：ブロックは全部で24個だね。
C：縦に2個、横に20個並んでいるよ。
C：広さをどうやって表そうかな。

このブロックは、どれも幅が1mになっています。

C：面積を考えれば、2×20＝40m²だね。

この24個のブロックで、ほかにどんな花だんをつくることができるかな。

C：縦を3個にしてみよう。
C：そうすると横は18個だね
C：面積は、3×18＝54m²だ。
C：面積が大きくなったね。
C：もっと大きくなる並べ方はないかな。

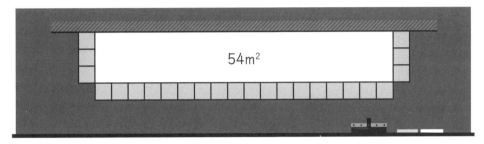

・ブロックの数が同じ24個でも、並べ方によってできる花だんの面積が変わることに気付かせる。いちばん広い形を考えることに「たい」が生まれる。

いちばん広い花だんをつくるには、どのように囲えばいいかな。また、そのときの面積はどれくらいでしょう。

C：正方形にすればいいと思う。
C：正方形だと縦8個、横8個だから、8×8＝64m²だね。
C：もっと広い形があったよ。
C：縦を4個、5個、6個と増やしていくと面積も増えていくよ。

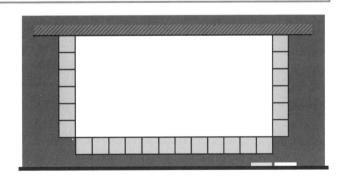

・子どもの考え方を発表させ、縦6個のとき面積が最大になることに気付かせる。

縦のブロックを1個ずつ増やして面積を調べると分かりやすいね。

4年 面積

37 1辺が分からない正方形の面積を求めよう

問題

面積が56cm²の正方形アがあります。その中に、アの4つの辺のそれぞれの真ん中の点を頂点としたもう1つの小さい正方形イがあります。小さい正方形イの面積を求めましょう。

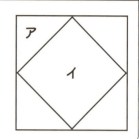

授業のねらい

「1辺の長さが分からない」正方形であるが、面積を求めるときは、辺の長さだけを使うのではなく、補助線を引いたり図形を増やしたりして、他の図形と比較することで求められることに気付かせるようにしたい。

授業の流れ

・上の問題につながる簡単な問題を解く。

面積が49cm²になる正方形の1辺の長さを求めましょう。

C：□×□＝49になる□を見つければいい。
C：7×7＝49だから、1辺の長さは7cmだ。

・上の問題を提示して、その意味を正しく理解させる。

面積が56cm²の正方形アがあります。その中に、アの4つの辺のそれぞれの真ん中の点を頂点としたもう1つの小さな正方形イがあります。小さい正方形イの面積を求めましょう。

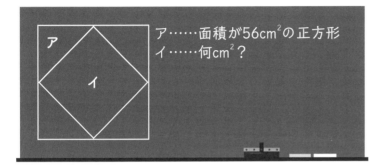

・図を見て分かることを考えさせる。

　C：□×□＝56の□に当てはまる数が見つからない！　1辺の長さが分からないよ。
　C：正方形イは、正方形アの4つの辺の真ん中を結んでできる正方形だから、向かい合う頂点を結んでみよう。
　C：正方形イの面積は、正方形アの面積の半分になっている。

・児童の発言を聞きながら、解き方について説明する。

正方形イの2本の対角線を引くと、正方形アが4つの正方形に分割されます。
そして、正方形イの4つの辺が、それぞれの正方形を二等分しています。
そのため、正方形イの面積は、正方形アの面積の半分になることが分かります。

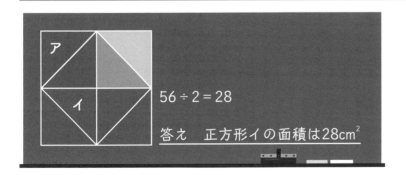

4年 面積

38 長さの関係を利用して面積を求めよう

問題

大きさのちがう３つの正方形をならべて、下のような形をつくりました。この形の面積は何cm²でしょう。

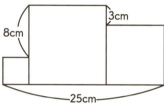

授業のねらい

　辺の長さをどのようにして求めるかについて、「正方形はすべての辺の長さが等しい」「正方形の面積は『１辺×１辺』で求める」という学習内容を活用して考えさせる。□を使う式をつくるなど、問題の解決に向けてグループで話し合わせたい。

授業の流れ

・問題を提示する。

> 大きさのちがう３つの正方形をならべて、下のような形をつくりました。この形の面積は何cm²ですか。

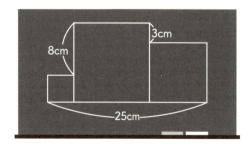

> この問題を解くときに困るところはどこですか。

C：正方形と分かっていても、3つとも1辺の長さが分からない。
C：3つの正方形のうちのどれか一つでも1辺の長さが分かれば、この形の面積が求められる。

・問題の答えについて考えさせる。

> 辺の長さを求めて、面積を求めるようにしましょう。ただし、辺の長さは定規で測ってはいけません。計算で求めましょう。

C：分からない長さを□として解いてみよう。
C：一番大きな正方形の辺の長さは、8cmと残りの長さがたぶん3cmだと思う。でも、理由が分からない。

・児童の考えを聞いて、答えを確かめる。

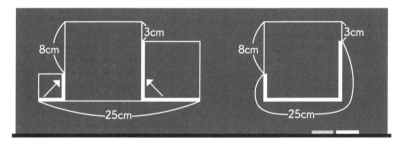

　上の図の矢印で示した2つの部分はそれぞれ同じ長さである。そして、真ん中の正方形だけを見てみる。真ん中の正方形の3つの辺の長さの和を求めることができるのが分かる。つまり、「8＋25＋3＝36」。これを3でわって、真ん中の正方形の1辺の長さが12cmであると分かる。
　左の正方形の1辺は「12－8」で4cm、右の正方形の1辺は「12－3」で9cm。
　3つの正方形の面積の和を求めると「16＋144＋81＝241」で、241cm²がこの問題の答えになる。

4年 ともなって変わる量

39 1日を24時間にするには？

問題

ある日の昼の時間は、夜の時間より1時間長いそうです。
昼と夜は、それぞれ何時間でしょうか。

授業のねらい

数字だけを見て考えるのではなく、テープ図や線分図などを活用することで、分配や移動をともなう2つの量の差に着目して問題をとらえ、それを解く力を身につけさせたい。

授業の流れ

・問題を提示する。

1日は何時間ですか？

C：24時間です。

1日＝24時間

ある日の昼の時間は、夜の時間より1時間長いそうです。
昼と夜は、それぞれ何時間でしょうか。

・問題の答えについて考えさせる。答えが書けたら、先生のところへノートをもってくるように指示する。

C：昼13時間、夜11時間 　→昼と夜が2時間違う
C：昼13時間、夜12時間 　→1日が25時間になってしまう
C：昼12時間、夜11時間 　→1日が23時間になってしまう
C：昼12時間、夜12時間 　→昼と夜が同じ時間になってしまう

> ヒントです。
> 「昼12時間　夜11時間」と考えた人がいますが、これでは、1日は23時間です。24時間にするためにはどうすればよいのでしょう？

C：分単位で考えればいい。

C：昼と夜に30分ずつ加えればいい。

C：昼12時間30分、夜11時間30分。

・児童から出た答えの導き方の工夫を紹介する。

<例　テープ図>

①

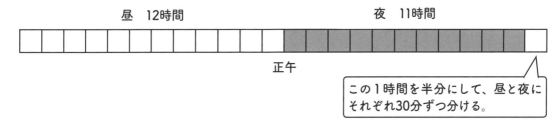

②

昼13時間

夜11時間

30分夜にうつす

4年 特設

40 推理する力をきたえよう

問題

　あきらさん、かつやさん、さとしさん、たいきさんに好きなスポーツを聞きました。4人の答えは、みんなちがっていて、野球、サッカー、テニス、水泳のうちのどれか1つでした。それぞれの好きなスポーツは何でしょう。

　＜条件＞
　①　あきらは野球ではない。
　②　かつやはテニスではない。
　③　あきらとさとしは、サッカーでもテニスでもない。

授業のねらい

　この問題は、計算や図形の学習ではない。与えられた条件を整理したり友だちと考えを説明し合ったりする中で、数学的に考える力を身につけるとともに、考える楽しさを味わわせたい。

授業の流れ

・身近なテレビ番組などを話題にして、何かを推理することへの興味・関心をもたせる。

> みんなの知っている刑事ドラマや事件を解決するアニメを教えてください。今日は、みんなに推理をしてもらいます。

・上の問題を提示し、3つの条件から推理することを理解させる。

> この条件から4人の好きなスポーツを推理します。
> 今日は、計算とか図形は出てきません。「なぜ、その答えになるのか」理由を考えることが大切です。
> 答えが分かっても、友だちに言ってはいけません。

・問題の答えについて自由に考えさせる。

・考える時間を十分確保し、早く解けた子どもには、「どうやったら友だちに分かりやすく説明できるか」を考えさせるようにする。

C：あきらは何の可能性があるかな。

C：どうやったら分かるかな。

C：表にまとめていこうかな。

・状況に応じて次のような表を提示する。子どもの考えの中から取り上げてもよい。

	野球	サッカー	テニス	水泳
あきら	×			
かつや				
さとし				
たいき				

・自分で考えたことを話し合わせる。

推理した結果を友だちと説明し合おう。

C：条件を１つずつ表にまとめていくと分かっていくよ。

C：①と③の条件から、あきらは水泳と分かるね。

C：そうすると、４人の答えはみんな違うから、かつや、さとし、たいきの水泳は×だと分かるね。

・全体の場で発表させ、説明の仕方を評価する。

5年 単位量あたりの大きさ

㊶ 平均からもとの数値を 求めよう

―問題―

$(90＋74＋88＋\boxed{})÷4＝80$

この $\boxed{}$ にあてはまる数はいくつでしょう。

授業のねらい

平均点を求める式の意味から、もとの点数が導けることに気付かせたい。

授業の流れ

・テストの点数についての話題を提示し、子どもからの疑問を引き出す。

国語・算数・理科・社会のテストの平均点は80点でした。
でも、社会のテストだけ、すててしまったみたいです。

他の点数は、国語90点、算数74点、理科88点です。

C：平均がもう出ている。

C：社会は何点なんだろう？

社会の点数が分からないようですが、求めることができますか。

C：国語と理科が平均点を上回っているから、社会は平均点より下だと思う。

C：平均と他の点数が分かっているから求められると思う。

・平均を求める式を思い出させる。

社会を$\boxed{}$点として、式を立てましょう。

$$(90 + 74 + 88 + \square) \div 4 = 80$$

□に、適当な数字を入れて計算してみましょう。

C：100を入れたら、平均88になった。

C：60を入れたら、平均78になった。ちょっと低すぎたかな。

・□にあてはまる数の求め方を考えさせる。

（　）の中がいくつになれば、平均が80になるでしょう。

C：4でわって、80になる数。

C：つまり、80×4を求めればいいんだ。

C：90+74+88+□が320になるためには……。

$$80 \times 4 = 320$$
$$320 - (90 + 74 + 88) = 68$$

答え　68点

〈80を基準にして考える方法〉

　平均である80を基準にすると、

$$90 \quad \rightarrow \quad +10$$
$$74 \quad \rightarrow \quad -6 \quad \left.\right\} \text{つまり、この3つで平均より+12}$$
$$88 \quad \rightarrow \quad +8$$

　ということは、平均80から、−12した数が答えとなり、

　　$80-12=68$ 　　　　答え　68点

42 2人はいつ出会える？

5年 特設

問題

京都の人が1日に40km歩いて東京へ、東京の人が1日50km歩いて京都に向かうとき、2人が出会うのは京都から何kmの地点でしょう。京都から東京までは450kmとします。

授業のねらい

簡単な速さの問題を解くことができるようにするとともに、図を利用して、問題を考えることができるようにさせたい。

授業の流れ

・上の問題を提示する。

> 京都の人が1日に40km歩いて東京へ、東京の人が1日に50km歩いて京都に向かうとき、2人が出会うのは京都から何kmの地点でしょう。京都から東京までは450kmとします。

C：2人が1日で歩く距離は何kmだろう？

C：40＋50＝90。

C：1日90kmずつ近づくことになるのか。

・図を使って考えさせる。

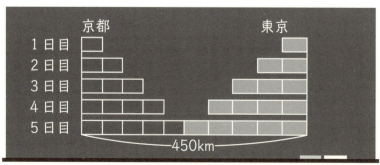

C：450kmを歩くには……。

C：450÷90＝5

C：5日間だ！

・図を使うと、複雑な問題も整理されて分かりやすくなることを体験させる。

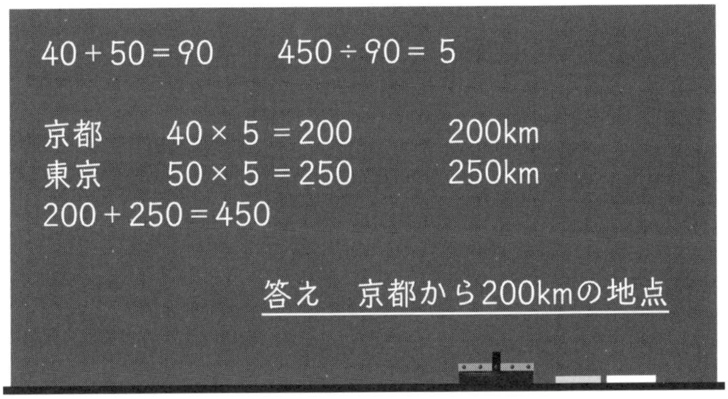

$$40 + 50 = 90 \qquad 450 \div 90 = 5$$

京都　　40 × 5 ＝ 200　　　200km
東京　　50 × 5 ＝ 250　　　250km
200 ＋ 250 ＝ 450

答え　京都から200kmの地点

京都から200km、東京から250kmの地点で出会うことになるね。

・歩く速さや距離などの条件を変えて問題作りを行い、作った問題を解き合うようにする。

5年 倍数と約数

43 花火をみんなに 等しく分けよう

問題

　赤い花火が64本、青い花火が48本あります。この花火をあまりなく等しく分けて、できるだけ多くの人に配ろうと思います。一番多くの人に分けたとき、何人に分けられますか。また、1人分の赤い花火と青い花火は何本ずつになりますか。

授業のねらい

　赤い花火と青い花火の2種類を同じ数ずつ分けることを通して、約数を活用して効率よく答えを見つける方法を導き出すとともに、約数についての理解を深めさせたい。

授業の流れ

・問題を提示し、「あまりなく等しく分ける」ことの意味を確認して問題に取り組ませる。

> 「あまりなく等しく分ける」とはどういうことですか。

　C：配ったあと、残る花火がないこと。

　C：みんなが同じ数ずつもらえて、人によって本数が変わらないこと。

> 赤い花火と青い花火は、何人ならば等しく分けられるでしょうか。

　C：両方とも2でわりきれるから2人。

　C：$64 \div 4 = 16$、$48 \div 4 = 12$。4人でもいい。

　C：$64 \div 8 = 8$、$48 \div 8 = 6$。8人でも分けられる。

$64 \div 4 = 16$　　　　　$64 \div 8 = 8$
$48 \div 4 = 12$　　　　　$48 \div 8 = 6$
4人に分けられる　　　　8人に分けられる

・効率よく答えを見つける方法を考えることを通して、約数に気付かせる。

122

ほかにも答えはありますか。うまく求める方法はありませんか。

C：約数を使えばいい。

C：約数はペアを探せば、もっとうまく見つけ出せるよ。

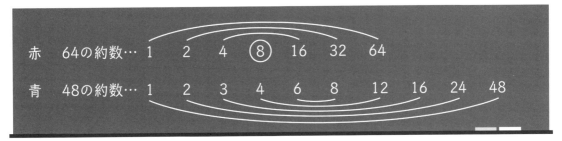

「約数はペアになっている」とはどういうことですか。

C：64の約数は、64をわりきる数のことだから、答えが64になるわり算の式に出てくる数が約数になるよ。4×16＝64だったら、4と16のペアが64の約数。

C：8は8×8＝64で、同じ数をかけているからペアがないね。

C：これなら、48の約数もすぐに落とさず求められるね。

・64と48の約数から正しく答えを読み取らせる。

求められた約数から答えを見つけましょう。

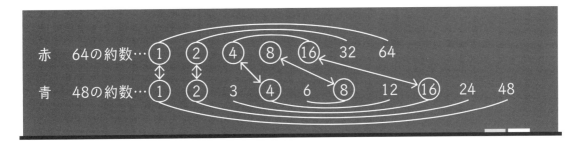

C：花火は1人、2人、4人、8人、16人のときに等しく分けられる。

C：そのうち、一番多くの人に分けられるのが16人のとき。

C：そのときの赤い花火の数は4本。これも約数のペアを見ればすぐに分かるよ。

C：青い花火の数は3本！

一番多く分けられるのは16人。1人分は赤い花火4本、青い花火3本。

5年　図形の角

44　三角定規を重ねてできる角の大きさは？

問題

右のように2まいの三角定規を重ねたとき、矢印のところにできる角の大きさは何度でしょう。

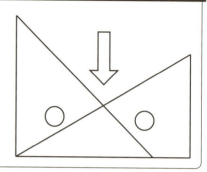

授業のねらい

　三角形の3つの角の和が180°であることを利用して、未知の角が求められることに気付かせたい。

授業の流れ

・三角定規2枚の3つの角の大きさについて復習する。

| 三角定規の角を、思い出してみましょう。 |

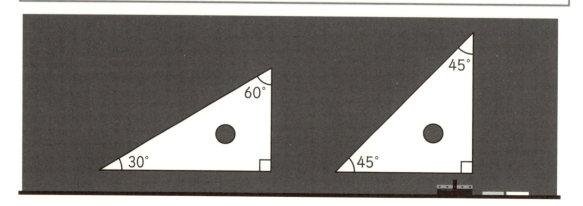

| 三角定規を重ねてできる角を求めましょう。 |

124

・問題を提示する。

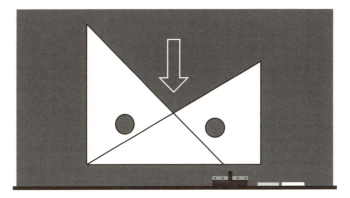

　C：まず、どこの角度を求めたらいいんだろう。
　C：角度が分かるところは角度を記入しよう。
　C：真ん中にできる三角形の角度は全部分かりそうだ。

この角度が分かれば解ける、という角に印を付けてみましょう。

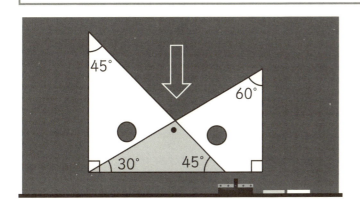

・2枚の三角定規の重なりの部分にできる三角形に着目できるようにする。
　C：●の角度が分かれば解けそうだよ。
　C：真ん中の三角形は2つの角度が分かっているから、計算で求められそう。
　C：180°−(30°+50°)＝105°。
　C：矢印の角は●の角と同じ大きさで、105°だ。

・児童の状況に応じて、中学校で学習する図形の性質「対頂角は等しい」「三角形の外角はこれととなり合わない2つの内角の和に等しい」などにふれてもよい。

5年 図形の角

45 正方形の中にできる角の大きさは？

問題

右の図のように、正方形の中に正三角形があります。矢印の部分の角の大きさは何度でしょう。

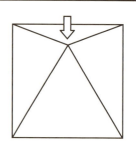

授業のねらい

正方形・正三角形・二等辺三角形の性質を利用して、未知の角が求められることに気付かせたい。

授業の流れ

・上の問題を提示する。

正方形の中に正三角形があります。矢印の部分の角の大きさは何度でしょう。

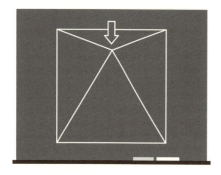

C：角度が１つも分からないよ。
C：正方形の１つの角は90°だよ。
C：正三角形の１つの角は60°と決まっているよ。

C：それを使えば、分からない角度も計算で求められそうだね。

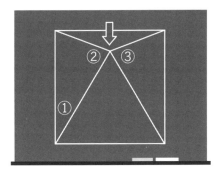

C：正方形が90°、正三角形が60°だから、①の角度は90°－60°＝30°だね。
C：でも、そこから先に進めないよ。

この図形の中に、同じ長さの辺はいくつあるかな。

C：正方形の辺4つでしょ。
C：あれ、正三角形の辺も正方形の辺と同じ長さになっているから6本だ。

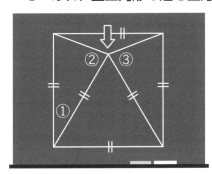

C：ということは、①の角がある三角形は、二等辺三角形なんだね。
C：じゃあ②の角度は（180°－30°）÷2＝75°だ。
C：③も同じく75°だね。

では、矢印の部分の角の大きさは何度でしょう。

C：あとは360°から、分かった角の大きさをひいていけばいいね。
C：矢印の部分の角の大きさは、360°－（75°＋60°＋75°）＝150°

46 星の角、合わせて何度？

5年 図形の角

問題

右の図形の①〜⑤の角度を合わせると何度になるでしょう。

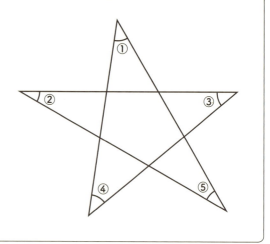

授業のねらい

三角形の３つの角の和が180°であることを利用して、星形の５つの角の和を求めることができるようにする。１つ１つの角の大きさが分からなくても、それらの和が求められるおもしろさにふれさせたい。

授業の流れ

・上の問題を提示する。

①＋②＋③＋④＋⑤は、何度になるでしょう。

C：角度が分からないのに、合計なんて分かるのかな。
C：分度器で測れば、およその角度が分かるよ。
C：三角形の３つの角の和が180°になることが使えないかな。

・具体例をもとに、三角形の外角の大きさは、これととなり合わない２つの内角の和に等しいことに気付かせる。

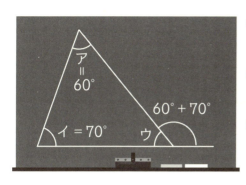

C：この図で、ウの角は、
　　180°－（60°＋70°）＝50°だね。
C：ウの外側の角は、
　　180°－50°＝130°だね。
C：アとイの角の和が、ウの外側の角の大きさと同じになる。

> このきまりを使って、①のふくまれる小さな三角形に、②～⑤の角度を集めてみましょう。

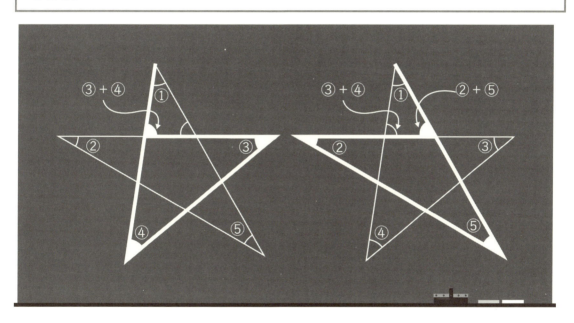

・色チョークを用いるなどして、図のように着目する三角形をそれぞれ示す。
　C：このきまりを使ったら、①の三角形にすべての角を集めることができたね。
　C：ということは、①＋②＋③＋④＋⑤＝180°だ。

・星の形が変わっても、5つの角の和は180°であることを説明する。

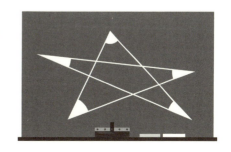

129

5年 図形の面積、割合とグラフ

47 影の面積は正方形の何％？

問題

右の図のかげの部分の面積は、正方形の面積の何％でしょう。

授業のねらい

　任意に数値を設定して、面積やその割合が求められることに気付かせるようにする。また、割合を利用すれば、面積が求められることに気付かせたい。

授業の流れ

・上の問題を提示する。

> 図の影の部分の面積は、正方形の面積の何％でしょう。ただし、正方形の1辺の長さは分かりません。

C：50％くらいかな。
C：正方形の1辺の長さが分からないから、求められないよ。

> では、正方形の1辺の長さを自分の好きな長さに決めて考えてみましょう。

C：5cmで考えてみよう。
C：10cmの方が計算しやすそうだ。

正方形の１辺が10cmだとすると

正方形の面積
　10 × 10 ＝ 100

かげの部分の面積
　(10 × 10 × 3.14) ÷ 4 × 2 － 100 ＝ 57

　57 ÷ 100 ＝ 0.57　　　　答え　57％

Ｃ：正方形の１辺を10cmとすると、影の部分は57％だ。

Ｃ：１辺を５cmにしても、計算すると57％になったよ。

・いろいろな値で計算した児童の結果を発表させ、正方形の大きさにかかわらず、影の部分の面積は全体の57％であることを確認する。

・調べた結果を利用する問題を提示する。

では、正方形の１辺が15cmのとき、影の部分の面積は、何cm²になるでしょう。

Ｃ：影の部分が正方形の面積の何％か分かっているから、すぐに計算できそう！

正方形の面積
　15 × 15 ＝ 225

かげの部分の面積
　225 × 0.57 ＝ 128.25　　　答え　128.25cm²

5年 図形の合同

48 チョコレートを直線で二等分しよう

問題

右のように、あなの空いたチョコレートがあります。
このチョコレートを二等分する直線をかきましょう。

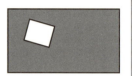

授業のねらい

長方形の対角線の交点を通る直線の性質から、2つの長方形を同時に二等分する直線がかけることに気付かせたい。

授業の流れ

・はじめに穴の空いていないチョコレートの二等分について考えさせる。

長方形の形をしたチョコレートを2人でなかよく二等分しましょう。
どんな線を引いて割ればいいでしょうか。

C：真ん中で縦に半分にする。
C：横に引いても半分になるよ。
C：斜めではどうかな。

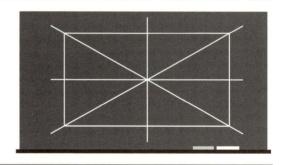

チョコレートを二等分する直線は、この4本だけでしょうか。

・図の4本の直線がすべて対角線の交点を通っていることに気付かせ、発展的に調べさせる。

C：4本とも真ん中の点を通っている。
C：真ん中の点を通る直線はほかにも引けるよ。

・長方形の対角線の交点を通る直線は、すべてその長方形を二等分することを確認する。

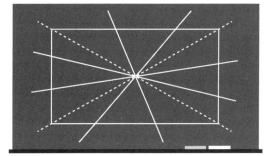

・穴の空いたチョコレートの問題を考えさせる。

> 右のように、あなの空いたチョコレートを2人でなかよく分けるためには、どのような線を引いて割ったらいいでしょう。

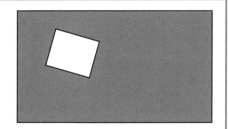

C：まん中で半分にする？
C：チョコレートも半分、穴も半分じゃないと、不平等だね。

・最初の問題を手がかりにして、チョコレートと穴をともに二等分する直線の引き方について考えさせる。

C：1本の直線で同時に2つの長方形を二等分することはできるのかな？
C：2つの長方形の真ん中を通る直線なら、どちらも二等分する線になるね。

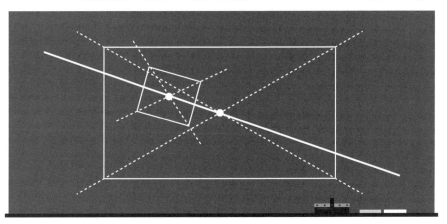

5年 図形の面積

49 立体の表面積を求めよう

問題

右の立体は、1辺が5cmの立方体5個で作ったものです。この立体の表面積（表面全体の面積）は何cm²でしょう。

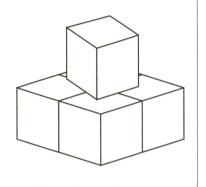

授業のねらい

立体の一部を移動させても表面積は変わらないことに気付かせ、表面積を求めさせたい。

授業の流れ

・上の問題を提示する。その際、立方体の模型を操作するなどして、この立体の作り方を理解させる。
・表面積とは、「表面全体の面積（底もふくめる）」であることを確認する。

図のように1辺が5cmの立方体5個で作った立体の表面積は何cm²でしょう。

C：正方形1つの面積は5×5で25cm²だ。
C：すべてが見える正方形は、全部で17個あるよ。
C：少しだけ見える部分は、どうやって求めたらいいだろう。
C：上にのっている立方体がきっちり重なっていればいいのに。

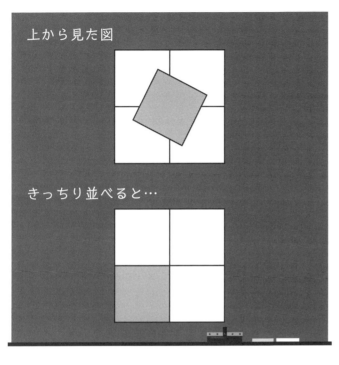

- 上にのっている立方体を移動させても、見えている部分の面積は変わらないことを、図で理解できるようにする。

C：隠れている面積は、きっちり並べる前も後も25cm²で同じなんだ。
C：ということは、見えている部分はどちらも正方形3個分だから、その面積は
　　25×3＝75cm²だ！

この立体の表面積は、
　25×(17＋3)＝500　　　答え　500cm²

5年 体積

50 立体の体積を求めよう

問題

右の図のように、1辺が1cmの立方体を積み重ねて立体を作ります。この立体を4段に増やすと、体積は何cm³になるでしょう。

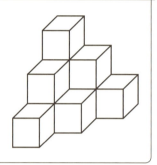

授業のねらい

段の数にともなって変わる立方体の個数の変化を表にまとめるなどして、その規則性を考えさせたい。

授業の流れ

・問題を提示する。

> 1辺が1cmの立方体があります。この立方体を2段積むと全部で立方体が4個になるので、体積は4cm³になります。3段積むと、体積は何cm³になりますか。

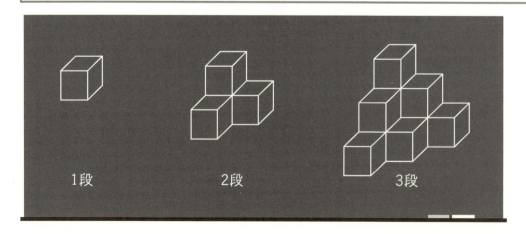

C：見えている部分だけだと、立方体が6個だから6cm³だ。

C：隠れている部分はいくつあるのだろう。

C：4個かな。だとすると、全部で10個だから10cm³だ。

C：隠れている立方体の数は、2段積んだときの全部の立方体の数と同じだ！

では、この立方体を4段積むと、体積は何cm³になるでしょう。

・各段それぞれの見えている立方体の個数に注目させる。

　C：見えているのは、1段が1個、2段が3個、3段が6個だ。

　C：増え方にきまりがないかな。

段数	1	2	3	4	
見えている個数	1 +2→	3 +3→	6 +?→	?	
かくれている個数	0	1	4	10	
全部の個数	1	4	10	☐	

C：2、3と増えているから、4段のときは3段のときより4個増えて10個じゃないかな。

C：隠れている立方体の個数は、3段のときの全部の個数と同じだから、これも10個になるね。

C：そうすると立方体を4段積んだときの全部の個数は、10＋10＝20で20個だから、体積は20cm³だ。

C：この法則が分かれば、5段、6段になっても体積が求められそうだね。

6年 特設

51 9でわりきれる数はどれ？

問題

次の数の中から、9でわりきれる数を見つけましょう。

135　824　828　504　738　541　441　621　288　146

授業のねらい

　9でわりきれる3桁の数を調べる活動を通して、9の倍数の見分け方を見いだすとともに、そのわけを考えさせたい。

授業の流れ

・上の問題を提示する。

まず、最初の5個の数を9でわって、わりきれるかどうか調べてみましょう。

C：824はあまりが出たけれど、ほかの4つの数は全部9でわりきれた。

では、9でわりきれた4つの数について、百の位、十の位、一の位の3つの数の和を求めてみましょう。どんなことが分かるでしょう。

```
135 ÷ 9 = 15          ○      1 + 3 + 5 = 9
824 ÷ 9 = 91あまり5    ×      8 + 2 + 4 = 14
828 ÷ 9 = 92          ○      8 + 2 + 8 = 18
504 ÷ 9 = 56          ○      5 + 0 + 4 = 9
738 ÷ 9 = 82          ○      7 + 3 + 8 = 18
```

C：3つの数の和が、4つの数とも9か18になっている。

C：9でわりきれない824は、8＋2＋4＝14でちがう数になるね。

C：ほかの数でもそうなっているのかな？

> 残りの5個の数についても調べてみましょう。

・最初に3つの位の数の和を調べ、そのあと9でわりきれるかを確かめるようにする。

```
541  ⇒  5 + 4 + 1 = 10   ×    541 ÷ 9 = 60 あまり 1
441  ⇒  4 + 4 + 1 = 9    ○    441 ÷ 9 = 49
621  ⇒  6 + 2 + 1 = 9    ○    621 ÷ 9 = 69
288  ⇒  2 + 8 + 8 = 18   ○    288 ÷ 9 = 32
146  ⇒  1 + 4 + 6 = 10   ×    146 ÷ 9 = 16 あまり 2
```

C：やはり3つの数の和が9や18になっている数は、9でわりきれる。

C：わり算をしなくても、たし算の答えを見れば分かるんだね。

> 実は、4桁や5桁の数でも、すべての位の数の和が9、18、27、36など9の倍数になっていれば、その数は9でわりきれます。なぜこのようなきまりがあるのか、そのわけを考えてみましょう。

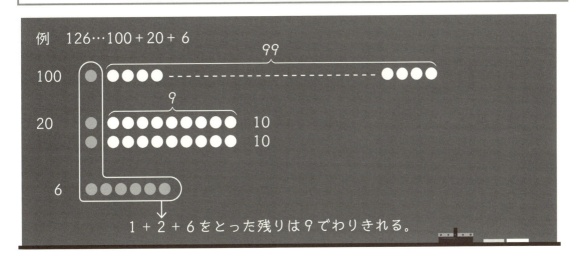

・上のような図を用いながら、子どもの考えを引き出していくようにする。

> 今日調べたことを使って、次の□に数を入れて、9でわりきれる3桁の数をつくってみましょう。
> ① □34   ② 65□   ③ 1□□

52 恐竜はそれぞれ何頭？

問題

しげみの中にマスザウルスと、アーフトプスがいます。しげみの上には頭が9つ、しげみの下には足が39本見えます。マスザウルスの足は3本、アーフトプスの足の数は7本です。それぞれ何頭いるでしょう。

授業のねらい

「もし全部～だったら」と仮定して物事を考えることで、変化の規則性に気付かせたい。

授業の流れ

上の問題を提示し、図を使って問題の意味を理解させる。

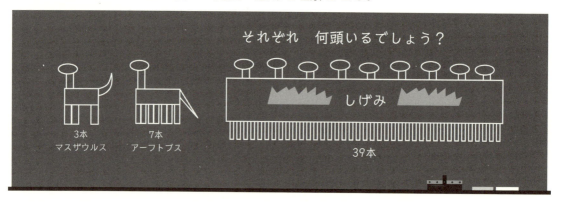

いちばん足の本数が多くなるのは、どんなときでしょう。

C：9頭全部がアーフトプスだったとき！
C：7本×9頭で、足の数は63本になるね。

では、1頭だけマスザウルスだとすると、足の数は何本でしょう。

C：8頭が7本だから56本。1頭が3本だから、合わせて59本になるかな。

C：ということは、全部アーフトプスだったときより4本減っているね。

C：アーフトプスからマスザウルスに1頭かわるごとに、足が4本減っていくんだ！

いま分かったことを使って、問題を解いてみましょう。

C：2頭かわると、−8本だから……63−8で55本。まだだな。

C：6頭だと−24本だから……63−24で39本！　できた！

C：すぐに答えを求めることはできないかな？

マスザウルス	0	1	2	3	…	
アーフトプス	9	8	7	6	…	
足の数	63	59	55	51	…	39

−4　−4　−4

1つの式で、答えを求めることはできないでしょうか。

C：マスザウルスが1頭増えるごとに 足の数は4本減っていくから、全部アーフトプスだったときから、いくつ減ったかが分かれば答えが求められると思う。

減った足の数　　　　　アーフトプス → マスザウルス
63−39＝24　　　　　　 1頭ごとに　4本減る

式　（64−39）÷4＝6

C：マスザウルスは、6頭。アーフトプスは、9−6で3頭だ。

このように、「もし全部〜だったら」という考え方は、とても大切です。また、このような問題を「つるかめ算」といいます。つるかめ算は、つるとかめのように、異なる足の数を持つ動物の個体数（頭の数）の合計と足の数の合計が分かっているときに、それぞれの個体数を求める算術です。

53 あみだくじをつくろう

6年 特設

問題

ゆきこさんはいちご、まさやさんはみかん、あつこさんはりんごを希望しています。3人の希望がすべてかなうように、右のあみだくじを完成させましょう。

あつこ————いちご
まさや————みかん
ゆきこ————りんご

授業のねらい

試行錯誤をしながら、正解にたどり着く方法を体験させたい。

授業の流れ

・上の問題を提示する。

あみだくじの横線を入れて、あみだくじを完成させましょう。

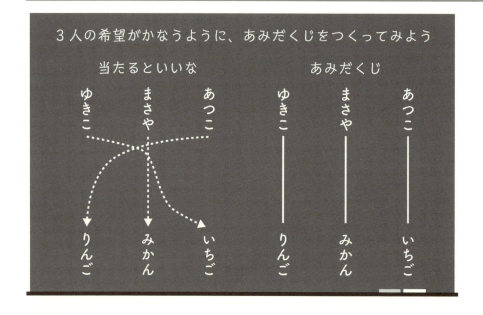

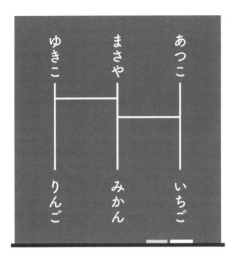

C：どこから考えたらいいんだろう。
C：まず、だれか一人の希望がかなうように線を引いてみよう。
・ゆきこさんとあつこさんは、線を2つ移動する必要があることに着目させる。

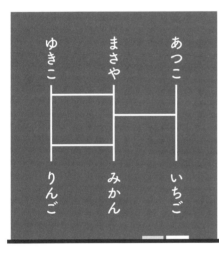

C：ゆきこさんの希望はかなったけど、ほかの2人はかなってないね。
C：今度はまさやさんの希望がかなうように線を加えよう。
・まさやさんは元の線にもどる必要があることに着目させる。

C：あれ、まさやさんだけじゃなく、あつこさんの希望もかなっているよ。

最初は解き方が分からなくても、いろいろと試しながら考えていくと、正確にたどり着くことができる問題もあるんだね。

・発展として3人の位置を変えたり、人数を4人に増やしたりした場合について考えさせてもよい。

6年 特設

54 ハンバーガーショップで工夫して買い物をしよう

問題

ハンバーガーのAセットが450円、Bセットが300円、Cセットが500円です。この3つのセットの値段から、それぞれ商品の値段を求めましょう。また、その値段をもとに工夫して買い物をしましょう。

授業のねらい

3つのセットの値段の違いに注目して、各商品の値段を求めることができるようにする。また、求めた答えをもとに、決められた金額内で何通りもの買い方を考えさせたい。

授業の流れ

・問題の前半を提示し、3つのセットの金額をもとに商品の値段を求める方法を考えさせる。

この3つのセットから、3つの商品それぞれの値段は求められるでしょうか。

C：AセットとBセットを比べると、ジュースがあるかないかの違いがある。
C：450－300＝150。ジュースは150円ということ？
C：ジュースの150円をCに当てはめれば、ハンバーガーの値段も分かるね。
C：ハンバーガーの値段が分かれば、Bセットを使ってポテトの値段も求められるよ。

・子どもの状況に応じて、3つの商品を○、△、□などに置き換えて考えさせてもよい。

・求めた商品の値段をもとに、決められた条件でどのような買い方ができるか考えさせる。

> 1000円では、この店でどのような買い方ができるでしょうか。

C：ハンバーガーだけなら5個買える。
C：Aセットならいくつ買えるかな？
C：2セット買えて、おつりが100円だ。

> 1500円では、この店でどのような買い方ができるでしょうか。

C：ハンバーガーを買うなら、1500÷200で7個。残り100円でポテトが買える。
C：ハンバーガーを6個にすると、1500−(200×6)で300円あまる。あまりでジュース2個またはポテト3個が買えるよ。

・金額や条件を変えた場合について考えさせる。

> 2500円持っています。4人で平等に買い物をしたいと思います。必ずジュースを入れます。どのような買い物の仕方があるでしょうか。

C：まず、2500÷4を計算すれば、1人あたり使えるお金が分かるね。
C：1人あたり625円で考えればいいね。
C：いくつかパターンがありそうだ。やってみよう！

6年 比とその応用

55 同じ形はどれ？

問題

次の3つの紙の中から1まいを選んで、日本の国旗を作ります。どの紙を使えばよいでしょう。

① ② ③

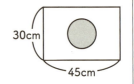

※①～③は横の長さがどれも36cmで、縦の長さは、①18cm、②21cm、③24cmになっている。

授業のねらい

比率を活用して相似な形を見つけるとともに、比の関係に着目することで、同じ形（相似）の特徴に気付かせたい。

授業の流れ

・上の問題を提示し、その意味を正しく理解させる。

> 見た目で選ぶとすると、どれですか？

C：②だと思う。
C：②と迷ったけど③かな。
C：①は縦と横のバランスが違うから、違うと思う。

> ②と③が多かったようですが、どうしたら決められますか？

C：縦と横の長さ！

> 実際に測ってみましょう。

C：②は、縦21cm、横36cmだった。
C：③は、縦24cm、横36cmだった。横の長さが②と同じだ！

> それぞれの長さが分かったところで、もう一度聞きます。どちらだと思いますか。

C：②だと思う。だって、日本の国旗の縦と横を9cmずつひくと②になるから。
C：③だと思う。理由は、日本の国旗の縦と横を0.8倍すると③になるから。

> 「差による見方」と「倍による見方」の2つの見方があるようですね。
> どちらの見方が適切なのでしょうか。

C：「差による見方」だと、どんどん減らして言ったときに、先に縦の長さがなくなって、長方形ではなくなってしまうんじゃないかな。

C：やっぱり縦の長さと横の長さを同じだけ倍すれば、「同じ形」のままになる。答えは③だね。

> 今、分かったことを図や表で表現できますか。

・児童の考えた表現を黒板にまとめる。

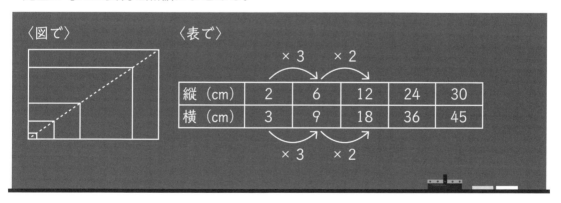

C：「同じ形」というのは「縦と横の関係」が同じ形のことだね。
C：「縦の長さ2に対して横の長さ3」の関係だと、日本の国旗と同じ形ができる。
C：「縦：横＝2：3」の関係が基準となって、何倍しても同じ形になる。

6年 ならべ方と組み合わせ方

56 パーツの組み合わせを考えよう

問題
頭のパーツが2種類、体のパーツが3種類、足のパーツが2種類あります。これらを組み合わせると、何種類のロボットが作れるでしょう。

授業のねらい
組み合わせの数を求めるための計算の方法に気付くとともに、その計算の方法が様々な場合に応用できることに気付かせたい。

授業の流れ

・上の問題を提示する。

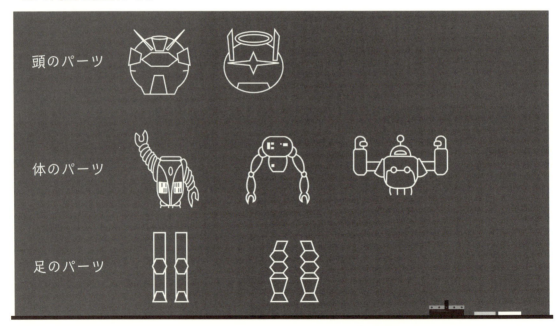

オリジナルのロボットを組み立てます。ロボットは、頭、体、足の3つのパーツで作られます。これらのパーツを使うと、何種類のロボットが作れるでしょうか。

C：5種類くらい。

C：でも、1つの頭にすべての体を付けたらそれだけで3種類だよ。

C：2つの頭に3つの体を付けたら6種類だ。

C：かけ算が使えそうじゃないかな。

・児童の発言や考えを、黒板に整理する。

　C：2×3で6種類ということだね。

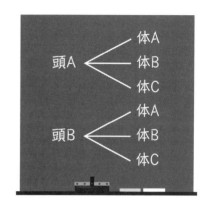

C：足を入れたら何種類だろうか。

C：さっき求めた6種類から、さらに2倍に増えるね。

C：2×3×2で求められるね。

C：12種類だ。

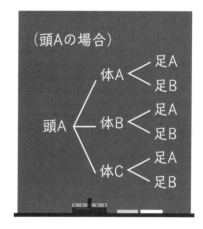

ロボットの開発が進み、これらのロボットのかたに2つのパーツどちらかを付けることになりました。何種類のロボットが作れるでしょうか。

C：「×2」を増やせばいいんじゃないかな。

C：2×3×2×2を計算すればいいと思う。

C：24種類だ。

6年 ならべ方と組み合わせ方

57 手品のしかけを解き明かそう

> **問題**
>
> A～Eの5枚のカードの裏に書いてある数字を、先生はすべて当てることができます。その秘密を解き明かしましょう。
>
>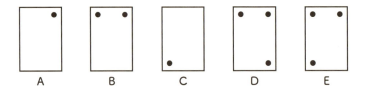

授業のねらい

カードを数枚用意し、裏の数字を当てるというしかけを、四隅の印に隠された数の合計だということに気付かせる。そして、その組み合わせから、それぞれの隠された数を解明していくという数の不思議さ、面白さを経験させたい。

授業の流れ

・上の5枚のカードを提示し、数当てを行ってみせる。

> この5枚のカードの裏に書かれた数を当てたいと思います。
> Aは2、Bは3、Cは8、Dは7、Eは11です。

C：どうして分かるの？
C：カードの隅にある印に関係していると思う。

> いいところに気付きましたね。確かにこの印と関係しています。この印の意味が分かれば、みんなにもこの手品が簡単にできるはずです。

C：Cは8だから、左下の印は8ということだと思う。
C：ということは、Aのカードから、右上は2だと思う。

C：なるほど、分かった。左上は1、右下は4だね。その組み合わせの合計が裏の数になっている。

よく分かりましたね。そのとおりです。この4つの隅にある数の組み合わせで、たくさんの数を作ることができます。

・発展問題に取り組ませる。

自分で考えて、オリジナルのカード手品を作ってみましょう。

C：どんな数でもいいのかな？
C：カードの裏の数字が同じにならないようにした方がいいかもしれない。
C：なるほど、意外とむずかしいなあ。

・作った問題を出し合い、その秘密を解き合う。

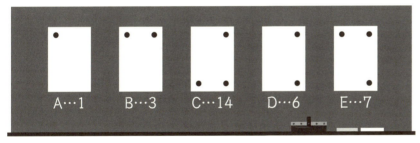

（正解は、左上1、左下8、右上2、右下4）

　授業の導入では、手品を見せるという雰囲気で、子どもたちの関心をひきつけるようにする。その上で、あえてその種明かしを探すという問題を提示したい。そこから子どもの、しかけを解明したいという「たい」を引き出していく。
　さらに、発展問題では、自分で作った手品を披露したり、友だちの作った手品のしかけを解明しようとする活動を通して、数の組み合わせを考えることの楽しさを経験させていきたい。

58 点を結んで三角形を増やすと？

6年 特設

問題

三角形があります。点を1つ増やし、点と点を結んで新しい三角形を作ります。どのように点を打てば、たくさんの三角形を作ることができるでしょう。

授業のねらい

三角形を構成する点の数や位置に注目して、点を結んでより多くの三角形ができる条件を見つける活動を通して、点の数にともなって変わる三角形の数の増え方には規則性があることに気付かせたい。

授業の流れ

・上の問題を提示し、三角形を作る方法を説明し、実際に取り組ませる。

> 三角形があります。点を1つ増やして、できるだけたくさんの三角形を作りましょう。ただし、辺と辺が交わってはいけません。

C：くっつけていけば、すぐにできるよ。
C：点を1つ増やすと、三角形が1つ増えるよ。
C：辺の上に点を打つとどうかな？

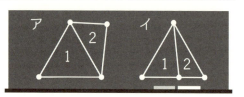

> 点が4つのとき、よりたくさんの三角形を作るコツはありませんか。

C：三角形をくっつける。
C：4つ目の点を三角形の内部にとる。
C：この方法ならば三角形が3つできるよ。

・三角形は重ねて数えず、ウは3つと数えることを確認する。

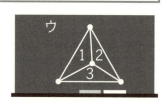

では、点をもう1つ増やして5つにしたときは、三角形がいくつできますか。

C：4つ。
C：あっ、5つだ。
C：じゃあ、点が6つのときは？
C：6つ？　ではなくて7つだ！

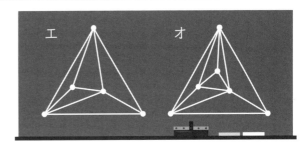

ここまで調べて、何か気付いたことはありますか。

・三角形の数の変化には規則性があることに気付かせる。

C：三角形の増え方にはきまりがありそうだ。
C：点が1つ増えると、三角形が2つ増えていく。
C：このきまりを使えば、点の数が7つ、8つ、…と増えたときの三角形の数も予想できるね。

点の数	3	4	5	6	7
三角形の数	1	3	5	7	9

・発展として、はじめの図形が四角形や五角形の場合について考えさせる。

四角形で同じように点を1つずつ増やしていくと、点と点を結んでできる三角形の数はどのように増えていくでしょうか。

C：はじめの四角形は、アの図と同じになるね。
C：これも内部に点をとっていけばいいね。

点の数	4	5	6	7	8
三角形の数	2	4	6	8	10

59 どちらが長い？

6年 特設、文字と式

問題
小学校の校庭でコーナーを使ってかけっこをするときと、国立競技場でコーナーを使ってかけっこをするときでは、コースごとのスタート位置の差は、どちらが大きいでしょう。

授業のねらい
大きさの違う円の円周を求めることを通して、半径が大きく異なっていても、半径を1m大きくした円ともとの円との円周の差は等しくなることを知り、円の性質の面白さに気付かせたい。

授業の流れ

・下の図を提示し、問題について正しく理解させる。

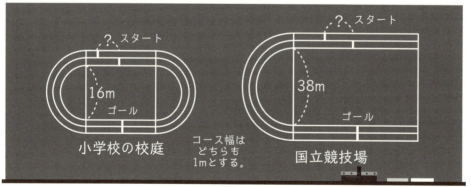

※数値は簡略化しています。

どちらの方が長いと思いますか。また、それはなぜですか。

C：国立競技場だと思う。走る距離が長いし……。

C：私も国立競技場だと思う。コーナーの直径が国立競技場の方が長いからです。

C：調べてみたい！

どうすれば、調べることができるでしょう。

C：コースごとの走る距離を求めて、差を求めれば分かるんじゃないかな？

C：直線部分は同じ距離だから、カーブ分の距離の差が、スタートの差になりそうだ。

C：コーナーは円周の半分だから……。

実際に計算してみましょう。

C：校庭の1コースと2コースのコーナーの差をまず求めよう。

C：次は国立競技場だね。

・実際に計算して、予想が合っているかどうか確かめさせる。

円周 ＝ 直径 × 3.14

〈校庭〉
1コース　16 × 3.14 ÷ 2 ＝ 25.12
2コースの直径は 1 m ＋ 1 m 分長いので、
2コース　18 × 3.14 ÷ 2 ＝ 28.26
　　差　28.26 − 25.12 ＝ 3.14 m

〈国立競技場〉
1コース　38 × 3.14 ÷ 2 ＝ 59.66

2コース　40 × 3.14 ÷ 2 ＝ 62.8
　　差　62.8 − 59.66 ＝ 3.14 m

・結果を見て、気付いたことを話し合わせる。

C：トラックの大きさが違っても、スタート位置の差は同じになる。

C：運動会のコースの差でも、オリンピックのコースの差でも、同じ3.14mなんだ。

なぜ 同じ長さになるのでしょうか。

C：文字を使って計算してみようかな。

1コースの直径をＡmとして、1コースと2コースの円周の差を求めると
　（Ａ ＋ 2）× 3.14 − Ａ × 3.14
＝（Ａ × 3.14）＋ 6.28 −（Ａ × 3.14）
＝6.28

C：計算すると直径のＡが消えるから、直径に関係なく差は同じになるんだね。

6年 特設

60 正五角形を時計回りに つなげると？

問題

　右の図のように、正五角形の1辺をぴったりつけて、丸くつなげていきます。正五角形が1周したとき、はしはぴったりそろうでしょうか。また、そのとき真ん中のアの部分にできる形はどんな形でしょうか。

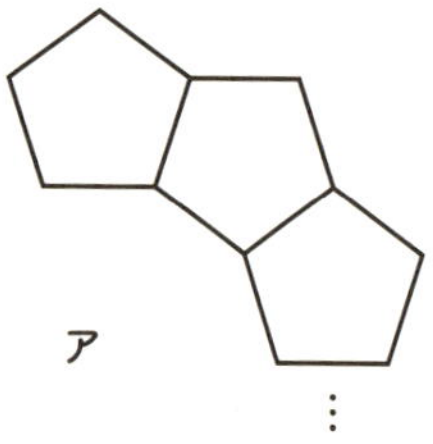

ア

授業のねらい

　平面上にできる形について考えることを通して、補助線を引いて中心角を求めるなどの新しい視点をもつことの大切さに気付かせたい。

授業の流れ

・これまで学習した敷き詰め可能な図形について確認する。

　Ｃ：四角形、正三角形、正六角形はぴったり敷き詰めることができた。

　Ｃ：正五角形はできないね。

・上の問題を提示する。

正五角形を何枚か作って図のように時計回りにつなげていくと、端はぴったりそろうと思いますか。また、そろったとしたら、真ん中のアの部分にできる形はどんな形でしょう。

　Ｃ：そろいそうな気がするなあ。

　Ｃ：真ん中にできる形は……十角形くらい？

　Ｃ：いや、十二角形か十五角形ができるような気がします。

156

では、実際に画用紙で作った正五角形を並べて、調べてみましょう。

C：そろった！ 十角形だ！
C：予想が外れた。
C：でも、どうして十角形になったのかな？

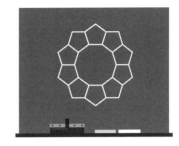

正五角形を全部つなげなくても、全体の様子が分かる方法を考えてみましょう。

・正十角形ができる理由について、各自でノートにまとめさせる。
・手元で正五角形を操作できるように具体物を用意し、イメージさせる。

C：問題にかかれている図が、全体の4分の1くらいだと考えました。辺のところで考えると、2本半で中心角が直角になるので2.5角形と考えられます。その4倍なので、正十角形だと思います。
C：正五角形の2つの辺を中心に向かって延ばしました。すると、2つの辺が交わってできる中心角が36度だと分かりました。360 ÷ 36 ＝ 10だから、正十角形になると思います。

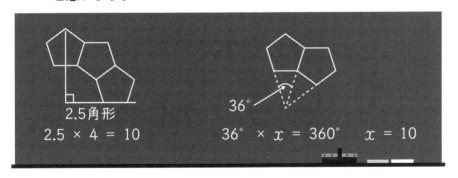

いろいろな考え方がありますね。これらの考え方で共通しているのは何でしょう。

C：角度に注目していることだと思います。
C：どちらの考え方も、正五角形を全部つなげなくても、全体の様子が分かるということです。

　算数がまた好きになりました。

　私自身が、正木先生にお会いをしたのは30年前。新採のときです。大きな算数の研究発表会で、初めて正木先生の授業を参観しました。当日、正木先生が授業する教室には、すでに参観する先生がいっぱいで、参観者は廊下まであふれていました。私は、廊下のわずかな隙間から、授業を拝見したことを覚えています。

　その時の授業は、ワープロのドットをキーボードで打っていく活動です。私には、その授業が、速さ（等速度運動）の概念を学ぶ学習になろうとは到底結びつきませんでした。しかし、やがて、授業の中でそれが明らかにされていきます。しかも、その答えは、発する子どもたちの思いやひらめき、つぶやき、発言の中にありました。

　この時、受けた感動は、今でも忘れません。

　中学校時代にいくつかの問題に出会って算数が好きになる転機がありました。教師になり、新採で初めての研究発表会で正木先生の授業と出会い、「算数っておもしろい」「そのおもしろさを、子どもたちにも伝えたい」と思うようになったきっかけをいただいたのです。その正木先生の御指導のもとで、研究を進められたのはどんなに幸せなことでしょうか。この2年、本校の校内研究の講師として御指導いただきました。

　研究していくうえで、「たいのある授業」を生み出すためには、「たいのある問題」が大切であることが分かってきました。同時に、授業研究をしていく過程で、問題づくりや問題の選定にも、研究の対象が向けられていきました。問題そのものにも、子どもが能動的に働きかける要素が内在していることに気付いたのです。それらを形に残したいという意図から、問題集の作成にこぎつけることができました。正木先生との出会いなくしては、この問題集はありません。

　正木先生は、ことのほか、武蔵村山名産の「あわ大福」がお好きです。というより、初めての研究会でお出しした際に、大変喜んでいただいたのです。いちご大福でも、どら焼きでもない、「あわ大福」なのです。研究会の日、校長室にお越しになってまず一つ。そして、終わると、校長室で一つ。若い先生が質問に現れると、お帰りになる時刻が迫っていても向き合ってくださる。そしてその合間にも、また一つ。そうすると、話にさらに熱が入るのです。

　本校と正木先生、そして武蔵村山のあわ大福と正木先生、本校とともに、武蔵村山が、正木先生の心に残ってくだされば幸いです。

　かつて私が正木先生から学んだことや受けた感動を、今、本校の先生方が生き方や教育観から多くを学び、算数好きになってくれたことは、このうえない喜びです。

　正木先生、ありがとうございました。

小野江　隆

〔著者紹介〕 ※2017年10月現在

正木 孝昌（まさき　こうしょう）

1939年生まれ　高知大学教育学部出身

元　筑波大学附属小学校教諭

前　國學院大學栃木短期大学教授

現　算数科教科書（学校図書）著者

　「ゴリラ先生」の愛称で親しまれ、子どもたち一人ひとりが輝くことを最大のテーマにした「正木の算数授業」は、全国の教育者から高い評価を受け、現在も模範授業や講演活動を続けている。著書に「算数授業に子どもたちの生きる姿を見た」「計算の授業を考える　筆算だけではだめになる」（以上学校図書）「受動から能動へ　算数科二段階授業を求めて」（東洋館出版社）など多数。

小野江 隆（おのえ　たかし）

東京都武蔵村山市立小中一貫校大南学園第七小学校　校長

高山 夏樹（たかやま　なつき）

東京都武蔵村山市立小中一貫校大南学園第七小学校　主幹教諭

阿部　肇（あべ　はじめ）

東京都武蔵村山市立小中一貫校大南学園第七小学校　指導教諭

【引用・参考文献】

p.140-141：堀井寧編『小六教育技術』2014年4月号（小学館）

p.146-147：細水保宏・ガウスの会『高学年 研究授業で使いたい！ 算数教材20』（東洋館出版社）

働きかける子ども　たいを生む算数60問

2017年10月26日　第1刷発行

著　者　　正木孝昌・小野江隆・高山夏樹・阿部　肇

発行者　　中嶋則雄

発行所　　学校図書株式会社

〒114-0001　東京都北区東十条3-10-36

電話 03-5843-9432　FAX 03-5843-9438

http://www.gakuto.co.jp

組版／装丁　　株式会社　明昌堂

印刷／製本　　株式会社　平河工業社

定価はカバーに表示してあります。落丁・乱丁はお取り替えいたします。

ISBN978-4-7625-0228-6　C3037
© Koushou Masaki・Takashi Onoe 2017